JN100845

科学的に
[成果をコントロールする]
営業術

Sales is

セールス・イズ

今井晶也
株式会社セレブリックス・セールスエバンジェリスト

扶桑社

営業は常に成果が問われるシビアな世界です。
成果さえ上げていれば魅力的かつ刺激的な仕事になりますが、
そうでなければ無力感にさいなまれてしまう……。
コントラストがハッキリ分かれる仕事です。

だからこそ営業職はみんながこう願います。

「毎月、常に好成績をキープしていたい」と。


しかし、現実はどうでしょう。

調子がいい月があれば商談が不発に終わってばかりの月もある。

「このままじゃ達成できない。なんとかアポをとらないと」

寝ても覚めても不安に駆られてばかりです。


だからこそ、もしも――

「成果をコントロールする」術があったとしたら、

あなたはどうしますか？
そのノウハウを学びたいと興味をひかれる反面、
「そんなことができれば初めから苦労はしない」
と、一笑に付したのではないでしょうか。

しかし、それはあなたの思い込みです。
もし、この発想を非現実的だと思っているのならば、
それは、「勝利を掴むメソッド」を知らないだけです。

勘や偶然、そして根性といった
〝ファンタジーな要素〟に頼っていては
いつまでたっても好不調の波に流されているだけです。
あなたに必要なのは、結果を出し続けるための理論です。

そしてこの本は、科学的な営業術という〝再現性〟を与えるものです。

はじめに 「Sales is ○○」

——あなたにとって営業とは何ですか？

はじめまして、株式会社セレブリックスの今井晶也といいます。数ある書籍の中から本書を手に取っていただきありがとうございます。

まず、私と私が所属する会社のことを知っていただきたいと思います。

皆さんは、営業代行という仕事を聞いたことはありますか？

文字通り、営業活動の黒子的なビジネスのことで、依頼主に代わり、その企業の商品を売ったり一緒に売り方を考えたりします。契約期間中は、依頼主の名刺を持って依頼主の名前で電話をかけ、依頼主の商品を売っていくわけです。

代理店とは違います。私たちはあくまで「依頼主の会社」を名乗り、買い手からは依頼主の社員に見られるように活動します。

私が所属するセレブリックスは、営業支援の世界では歴史が古く、豊富な実績を持つ会社です。これまで1100社以上、商材数でいえば1万2000を超える商品やサービスを代わりに売ったり、営業戦略を立案・実行してきました。

恐らく、日本でもトップクラスの「いろんな商品を売ってきた会社」であり、同時に、とてつもない量の営業の成功と失敗の〝体験〟を持ち合わせている会社です。

そのセレブリックスで私は、執行役員としてマーケティング本部長と「セールスエバンジェリスト」という役割を担っています。セールスエバンジェリストとは大層かっこつけた呼び名ですが、要するに法人営業や新規営業の研究活動をするポジションです。

セレブリックスが営業支援を行う過程で得ていったデータをもとに、営業のためのレポートを出したり、イベントや講演会などで発表・紹介したりしています。

そんな活動をしていると、よく「なぜ、セレブリックスは多種多様な製品・サービスを売ることができるのか？」という質問をいただきます。

答えはハッキリしています。それは、セレブリックスが冒頭に記した「営業の成果をコントロールする術」をもっているからです。そのベースになっているのが、セレブリックスが日々集めている膨大な量の営業データです。

お客様の「買わない理由」から生まれた営業メソッド

想像してみてください。我々はセレブリックスというひとつの会社にいながら、様々な業界・商材の営業を行います。有形なものもあれば、無形サービスも扱います。サービスの提供のかたちも、売り切るものから月額利用の定期購買型まで多種多様です。もちろん商品によって異なるターゲットに営業をかけますし、支援している依頼主も大手からスタートアップまで規模が変わります。

こうした様々な商品を売るために、セレブリックスの500人弱（2021年5月時点）の営業パーソンが、毎日、50～100件ほどの新規営業電話をかけています。一日一人あたりのコール数が50件だったとしても、1カ月で50万件程度の営業サンプルやデータを集めるポテンシャルがあります。

とにかく、営業の実験データが「これでもか」というほど溜まるビジネスモデルなのです。自分で言うのも変ですが、営業データの解析できる量という点では、いわゆるチート状態（無敵状態）でしょう。

そうしてセレブリックスでは、創業から23年間の歴史のなかで積み重ねた経験値をベースに、勘や精神論に頼らず、〝論理と技術で売る〟科学的な営業方法を開発しました。

我々はその体系化されたノウハウを「顧客開拓メソッド」という名称で顧客向けに提供してきました。言うなれば「営業版・虎の巻」のようなものです。

この顧客開拓メソッドは、セレブリックスのメンバーが営業活動を行うなかで集めた、お客様の「買わない」という声から作られています。

私たちは日々、自分が商談したお客様に「なぜ買っていただけなかったのでしょうか?」「どんな場面で『買わない』と決めたのでしょうか?」などと、聞き込みをしては対策を行っています。

そして、うまくいったノウハウを顧客開拓メソッドに落とし込んできました。

しかし、このメソッドは日々進化を続ける「未完のメソッド」でもあります。前述したような営業データを集めるだけでなく、最新セールステックツールの活用や購買方法の変化など、営業シーンの変化を踏まえてメンテナンスをしています。

どんなに高度に分析されたメソッドだとしても、「今、現場で生きる知識」でなければ意味がありません。だからこそセレブリックスでは日々、メソッドのアップデートを繰り返しているのです。

営業パーソンの「幸福度」は ひとつの成果で変えられる

私は営業イベントや採用イベントなどを通して、年間約7000人の方と繋がりを持たせていただいています。そうしたなか、特に営業未経験の方や若手層が集まるイベントでは、参加者に必ずと言っていいほどする質問があります。せっかくなので、読者のあなたにも聞かせてください。

「あなたは、『営業とは……』という言葉を聞いたとき、後に続くどんな単語や言葉を想像しますか？」

実は、この質問で、圧倒的に多い回答があります。「営業とは……ノルマ」と「営業とは……大変そう」です。営業職は現在、330万人以上いると言われ、販売職と合わせれば日本の職種別人口でトップ5に入ると言われています。ところがその数に反して、特に若年層の間では営業職の人気が落ちています。

セレブリックスでも営業職へのイメージを調べたことがあります。ランダムに選んだ営業職300人を対象に「他人に営業という仕事をオススメするか？」と聞くと、約57％の人が「オススメしない」というネガティブな回答でした。

恐らく営業のツラさや難しさが頭をよぎったのでしょう。上司からは数字を指摘されたりダメ出しされ、お客様からは邪険に扱われ、同僚からは舐められる……人間関係も悪化していき、「何のために営業しているんだろう」と、自己肯定感が下がっていくのです。

しかし、この質問を営業の情報収集に積極的な方々など、いわゆる〝トップセールス〟に限定して聞くと、実に93%が「オススメする」と答えたのです（回答者は305人）。

トップセールスは上司やお客様、同僚から頼られることが多く、日々、「自分の介在価値」を感じていることでしょう。必要とされながら働き、そのうえ報酬も高ければ自信をもって他人に「営業は素晴らしい仕事だ」と、すすめられるはずです。

つまり、営業職の幸福度を左右するのは「実績」です。今は成果が出ていない人でも、成果が出るようになれば営業が好きになります。そして、信じられないかもしれませんが、周囲との人間関係までよくなります。

私自身も、今でこそセールスエバンジェリストを名乗っていますが、まったくと言っていいほど売れなかった時期があります。

当然、そのころはネガティブマインドに陥り、「売れないのは自分のせいではない」「売れないのは商品が悪いんだ」などという、他責的な発想でした。仕事のイライラをプライベートに引きずり、自分が憧れた社会人生活とは程遠かったことを今でも覚えています。

しかし、もうひとつ、私の実体験からハッキリと言える結論があります。それは、「成果さえ出せば営業パーソンの〝幸福度〟はガラリと変わる」ということです。

本書で取り上げているのは、セレブリックスが社内教育や営業支援で使う、実在する「新規営業」の手法であり技術です。イーラーニングなども含めると、年間で約1・5万人がこのメソッドを学んでいます。とりわけ本書でスポットライトを当てているのは、アウトバウンド（売り手側から積極的に営業や情報発信を仕掛けるスタイル）新規営業です。

アウトバウンドの新規営業は「買おうとは思っていないお客様」を「買いたいお客様」に変容させる必要があり、営業の中でも最難関のひとつと言われています。最難関だからこそ、アウトバウンド営業で培ったノウハウは既存顧客への営業や反響営業でも高いレベルで応用できます。

もし、あなたが成果を出せている人なら、その成功要因を「感覚から技術」に昇華できるはずです。これから先にスランプや予期せぬ事態が発生しても、成果をコントロールしやすくなります。

反対に、もしあなたが成果を出せていない（満足していない）のであれば、本書のノウハウは間違った営業を是正し、改善するためのヒントになるでしょう。

本書を手に取った皆さんの営業成果がみるみる上がり、今までとはちょっと変わった世界が拓けていく。営業という仕事に対して、自信や誇り、そしてやりがいを感じられるような日常が訪れることを期待しています。

そして、皆さんにとって「Sales is（営業とは）」に続く言葉が、ポジティブなものになるきっかけになれば幸いです。

株式会社セレブリックス セールスエバンジェリスト　今井晶也

CONTENTS

第1章 マインドセット

「売れる営業」が大切にする10のルール

第2章 アポイントメント

「会えない時代」でも新規顧客を見つける方法

第3章

セールスプロセス

あなたの営業プロセスを7つに分解せよ

第4章

リードセールス

勝敗を分ける「見込み案件」の作り方

第5章 コアセールス
見込み案件を「当然のごとく」攻略せよ

第6章

アフターフォロー

あなたの「財産」になる顧客エンゲージメントの高め方

本書に頻出する「営業用語」集

これらの用語は本書内の各ブロックに出てきます。まずはこの意味を押さえると、スムーズに読み進めることができるのでチェックしてください。

- ☑ アウトバウンド営業……売り手から顧客へ営業を仕掛けるスタイル（＝プッシュ営業）
- ☑ インバウンド営業……買い手からの反響を獲得する営業スタイル（＝プル型営業）
- ☑ リード……見込み顧客の情報、または見込み顧客
- ☑ SQL（Sales Opportunity Lead）……購買のタイミングが明確になったリード
- ☑ マーケター……リードや購買見込み客を獲得するマーケティング担当
- ☑ インサイドセールス……非対面営業、および非対面営業の担当者。企業によってアポイントメントの獲得までを担当するケースや、非対面で商談まで担当するケースもある

- ✓ フィールドセールス……もともとは訪問営業、訪問営業担当のこと。オンライン商談が一般化されてからは「商談担当」と定義されることが多い
- ✓ 案件……具体的な提案へと進む商談（「見込み案件」は案件になる可能性がある商談）
- ✓ タッチポイント……顧客接点、直接かかわる位置
- ✓ ヒアリング……テレアポや商談中に行う聞き取り
- ✓ ピッチ……商談中に行う短いプレゼンテーション
- ✓ オンボーディング……利用の手ほどきをし、慣れてもらうプログラム
- ✓ 無料トライアル……無料でお試し利用ができる契約、または契約前の利用
- ✓ カスタマーサクセス……顧客の成功という概念。業務内容や担当者を指すこともある
- ✓ 顧客エンゲージメント……顧客との信頼関係や絆

序　章

成果を
コントロールする
「営業の真実」

本書は営業の手法やテクニックを
手順に沿って細かく解説するものです。
料理で言うところの「レシピ本」です。

しかし、レシピというものは時に残酷です。
同じ分量や手順で作っているのに、
なぜか作る人によって理想とは異なる仕上がりになります。

こうした現象はなぜ起こるのでしょうか。
それは調理という「一つひとつの技術」を磨く以前に
料理という「全体像のイメージ」が描けていないからです。

これはビジネスでも同じことが言えます。
本書を読むあなたは「営業力」を学ぼうとしているはずです。
明日から使える軽快なセールストーク術。

一発でお客様を引きつけるセールス資料。

そんなテクニックを覚えたいと思っていませんか？

しかし、テクニックを覚えるだけでは不十分です。
営業という行為の全体像を知らなければ、
それは、現場で活用できない知識になるだけです。

まずは、

「営業とはそもそもどんな行為なのか」

「いい営業とは何なのか」

「成果をコントロールするとはどういうことか」

という全体像を捉えてください。

それがきっと、あなたのなかでの、

「Sales is」をつくる源になるはずです。

重要なのは「売れた理由」ではなく「買わない理由」

営業コンサルティングをしていると、必ずと言っていいほどクライアント（依頼主）から「もっと売れるようにするには、どうしたらいいのか？」と、ご相談を受けます。

こうしたときに私がお伝えするのは、「〝売り方〟を考えるのは、もうやめましょう」というメッセージです。

もちろん、販売実績やその商品が売れた理由に意味がないとは言いません。売れた理由の分析は大切です。

しかし、売れた理由には、運やタイミングといった「再現できない偶発性」が含まれます。「ちょうど検討していたタイミングだった」「共通の知人がいて会話が盛り上がって信用してもらえた」といった、ラッキーパンチが存在するのです。そうした成功体験を追いすぎると、得てして再現性の低い案件ばかりを追う罠にハマってしまいます。

一方で、買わないと決断したお客様には、何かしら〝明確な理由〟があります。あなたがこれまで失注したケースを思い返してみてください。

「この製品を買っても問題が解決できるかはわからない」

「いきなり高い製品を買わずに、まずはもっと安い他社製品から試してみる」

「僕はこの製品を導入したいけど、上司の許可が下りない」

そんな見送り理由がありませんでしたか？

こういった「買わない理由」は、別のお客様に営業をしても再び障害になることがあります。あなたも同じような買わない理由を突き付けられて、「またか……」と頭を抱えた経験があるはずです。

セレブリックスでは、こうした「買わない理由」を、営業のプロセスで一つずつ細かく排除していきます。

例えば、「この製品を使っても問題が解決できるかどうかわからない」「いきなり高い製品を導入するのは怖い」といったケースなら、「お客様のお悩みと、商品の効能がフィットしている点」を示すことで、失注する可能性は減らせます。営業プロセスの顧客事例や導入シミュレーションを通じて、具体的な活用イメージを浮かべてもらうのです。

営業を科学し「成果をコントロール」するカギは再現性です。この本を手に取ったあなたがまず始めるべきは、偶然性や運といった再現性が低い「ファンタジーな要素」で営業成果を高めようとするのをやめることです。

頭と時間をかけるのは、あくまで「自分がコントロールできる部分」に絞ってください。

お客様の82％は商品を「買わない」

「買わない理由」の重要さを、具体的にデータで見ていきましょう。

左の【図表1】は、アウトバウンド営業で、3カ月間の新規営業をかけた際のプロセスごとの変化です。商品の属性によって受注率が変わるので、「低単価の即決型商材」と

図表1 お客様の82%は「買わない」

	3カ月のコール数	3カ月の商談数	3カ月の受注数	商談受注率	コール受注率
低単価の即決型商材 ■低単価商材 ■成果報酬系商材 ■小売り系オーナーへの即決提案	3000	57	15	27%	0.5%
提案型の商材 ■高単価商材、無形サービス ■購入およびサブスクリプション ■不特定多数の方への企画提案	1200	28	5	18%	0.4%

「企画が必要な提案型商材」という2つに分けて数値を出しています。

ご覧の通り、即決型商材であれば商談受注率が27%なので10件商談しても受注は3件に満たないわけです。

提案型商材の場合はさらに低く、商談受注率が18%なので、たったの1、2件です。実に82%のお客様は「買わない」のです。

つまり、新規営業では「売れた」より「買われなかった」という数のほうが、圧倒的に多いわけです。

それぞれの商材の受注率を、コール数（電話をかけた数）からも見てみましょう。提案型の商材はコール受注率が0・4%で、1200件の電話をかけても5件の受注しかありません。大雑把にいえば、１１９５件は失注したか、もしくはまだ決着がついていない状態です。

多くの人が「新規営業は難しい」というイメージを抱いていると思いますが、改めて数字を見ると、相当な〝無理ゲー〟をしていることがわかるでしょう。

なぜ、これほどまでにアウトバウンドの新規営業が難しいのかというと、その商品を「買おうとしていないお客様」を相手にしているからです。

考えてみてください。お客様がその商品を買おうと思っていれば、すでに問い合わせをしているか、購入しているはずです。現時点では、「買おうと思っていない相手」だからこそ、アウトバウンドで攻めの新規営業が必要なのです。

買うつもりのないお客様を相手に営業していれば、買われないケースが多くなるのは、ある意味、自然なこと。買われなかったという結果でムダに苦しむ必要はないのです。

また、「買わない理由」に着目する意義はほかにもあります。

先ほどのデータでも明らかですが、新規営業において「買われなかった数」は「売れた数」よりも、はるかに多くのサンプルが集まります。サンプルが多いということは、データの信憑性が高まるわけです。営業はどこまでいっても確率論です。対策も改善できる可能性が高い部分に時間や労力をかけるべきです。

加えて、「受注」というイベントは、営業プロセスの最後にやってきます。つまり、売れた要因を分析して次の営業活動に反映させるまでには時間がかかるのです。

一方で「買わない」というイベントは、営業プロセスにおいて受注より前のすべての行程で発生します。改善活動は早いに越したことはありません。

このように、買わない理由を集めることができれば、営業活動において成果をコントロールするための切り札になります。

これからはアポイントの場面や商談のなかで、お客様から発せられた「買わない理由」を記録に残すようにしましょう。もし失注しても、「今、ご導入いただけないのはどのような理由でしょうか?」「弊社が選ばれなかった理由を率直に教えてください」と確認してみてください。

その一言一言が、のちにきっと大きな財産になります。

営業とは「可能性を見える化」する仕事である

ここで質問をさせてください。受注とは、すなわち契約書にサインをいただくことですが、初回取引のお客様は一体、「何」と契約しているのだと思いますか？

「商品を購入するため」と回答された方は、営業の本質とズレています。お客様が商品を購入するのは、商品そのものが欲しいのではなく、商品を使って得たい効果や実現したい目的があるはずです。

では、「問題解決や課題解決に対して契約をしている」という回答はいかがでしょうか。確かにその通りです。私たちはまさにお客様のニーズを満たす提案を目指さなければなりません。

しかし、契約書にサインをした時点でお客様の課題解決は実現しているのでしょうか？お客様のニーズはすでに満たされているのでしょうか？

少なくとも契約書にサインした時点では、おおかたのお客様はサービスを利用しておらず何も便利になっていないのです。

つまり、お客様が契約しているのは「商品」でもなければ「課題解決」でもなく、課題解決ができる「可能性」に契約しているのです。

私たち営業パーソンはこの法則を忘れてはいけません。契約は現実世界で行われますが、意思決定は想像の領域で繰り広げられます。

結局のところ、私たちの仕事は、どれだけお客様に「理想実現のために商品を導入したい！」と想像していただけるかが勝敗を分けるのです。この前提に立つと、私たち営業パーソンがスキルとして磨く必要があるのは、「可能性の見える化」です。

本書で目指すのは、この「可能性の見える化」を商談において実現することです。あなたは商談を通して、その商品を導入する「重要性」と「緊急性」をお客様に発見してもらわなくてはいけません。

さらに、いざお客様が購買を検討する段階に入ったら、今度は「実現性の証明（買うと便利になる証拠）」と「自社の競争優位性」を示す必要があるのです。

これからの営業は「コンテンツ」を作れる人が勝つ

では、これからの営業はいかにして「可能性の見える化」をすればいいのでしょうか。「話術」「交渉術」「傾聴力」「示唆力」「主導力」……これらは営業において重要なスキルと言われるものです。とはいえ、一朝一夕で備わるものではありません。

しかし、こうした卓越したスキルや経験を飛び越えてお客様に可能性を見せられる、とっておきの〝武器〟があります。

それこそがデータです。ただし、ここでいうデータとは商品の機能的な情報や事実ばかりではありません。営業パーソンが、普段から頭の中に資料としてストックしておくべきデータは、「顧客事例」です。

最近では、データドリブン・セールスという言葉も耳にしますが、データ活用営業の第一歩は「事例活用」であると認識してください。

では、顧客事例とはそもそもどのような効力があるのでしょうか？　私は大まかに次の3つの効果があると思っています。

①「可能性の見える化をサポートする」
②「お客様を否定せずに問題提起ができる」
③「個人のトークスキルに左右されない」

それぞれ解説していきましょう。まずは前出のように①「可能性の見える化をサポートする」ことです。

お客様は期待や予想といった〝実体のないもの〟に対して契約するわけです。当然、不安やリスクを考えます。そうしたときに、顧客事例はお客様の意思決定を強く後押ししてくれます。とりわけ、お客様にとって親近感が湧く事例であれば、その効果は絶大です。

次に②「お客様を否定せずに問題提起ができる」の効力です。これは、営業活動でお客様と本音で話したり、課題を設定したりするうえで重要になります。

例えば、「目標とする業績計画に対して、計画通りに進捗していない」というお客様がいたとします。その取り組みを真正面から否定したら、相手はどう思うでしょうか。よかれと思った発言だったとしても、喜ぶ人は少ないはずです。

しかし、第三者の事例をもとに「御社でも似たようなことはありませんか？」と質問を展開すると、不思議と相手の受け取り方が変わります。「自分たちだけの問題ではないんだ」と知ってもらうことで、本音をさらけ出すことに恥ずかしさや抵抗感がなくなるのです。

最後に③「個人のトークスキルに左右されない」というのは、特に口ベタで悩んでいる人にとって大きなメリットがあります。

例えば営業トークのテクニックである応酬話法（お客様の反応や反論に切り返していく話法）が苦手な人や、すぐに言いたいことが頭に思い浮かばないという人は、事例を「コンテンツ」にすることで、自分の言葉以上に雄弁に相手を説得してもらえます。

営業プロセスの様々なシーンで事例コンテンツは活躍してくれます。例えば、まだ関係が構築できていないお客様との商談なら、ライバル企業や近しい業界の導入事例のさわりを見せるだけでも当事者意識に火がつきます。

ヒアリングや質問の場面でも、同じような悩みを抱える企業の事例を挙げると、「実は私たちも……」と本音を明かしてくれます。

決着が近い商談の終盤では、具体的な成功事例や活用事例を伝えることで、「自分たちでもうまく活用できそうだ」と、それまでの不安を払拭する材料にもなります。

事例コンテンツは事前に準備ができるので、商談のシチュエーションに身を委ねる必要がありません。優れた営業パーソンは、状況に応じて臨機応変に「例え話」や相手の理解に合わせた「対話方法」を選択できる強みがありますが、事例コンテンツを使えば同様の効果が期待できます。

このような効果を発揮することから、私はこれからの営業パーソンは「コンテンツをいかに作れるか」が、勝敗を分けるカギだと思っています。だからこそ「事例ストック」は、ジャンルやカテゴリーごとに、様々な引き出しを持っておくことをオススメします。

その際、効果的だと思うのは、すでに同じ商品を利用している取引顧客に取材を申し込むことです。導入目的や選定のポイント、そして生々しい利用方法を聞けば、別のお客様への課題解決策として商品のイメージに奥行きと温度感が備わります。

また、必ずしも商品の導入事例にこだわる必要はありません。商談で聞いた情報や横展開できそうな話題など、営業にまつわる話はすべて事例コンテンツになりえます。それらはすべて、商談における対話や質問のトリガーになることを覚えておきましょう。

成果のコントロールとは「営業プロセス」のコントロール

「そんな細かいことを考えなくても、営業は結果が出ていればそれでいい」という人もいるでしょう。確かに営業パーソンは、目標を達成していることで発言権を得られるところがあります。セレブリックスでも、「営業の役割は目標達成」と言いきるくらい、結果には強いこだわりを持っています。

しかし、「営業成果をコントロールする」という点に関していえば、結果が出ているだけでは不十分です。なぜなら、実力や計画ではなく〝たまたま〟結果が出ている人は、担当顧客や外的要因といった「変化」にめっぽう弱いからです。

タチが悪いことに、成果を出している営業パーソンは、上司から細かくマネジメントされたり、問題点を指摘されにくい傾向にあります。つまり、「結果が出ている＝優秀で相応の実力がある」という〝偏見〟を持たれてしまっているのです。

優秀な経歴を持つのに転職先ではなかなか活躍できない人がいる理由のひとつがこれです。そして、この手の人は、一度悪化した業績を立て直す術を知りません。

本書の目的は、あくまで成果をコントロールできるようになることです。

「結果が出ていても、結果をコントロールする術を知らないのであればダメ」と、あえて言い切らせていただきます。

ただし、私は「結果が出なくてもプロセスを頑張ればいい」という、ぬるい考えを容認するつもりはありません。お伝えしたいのは、あくまで「結果を出すためのプロセスへのこだわり」です。

マラソンに例えてみましょう。「42・195㎞の自己記録を更新して優勝する」という目標を立てるなら、本人のコンディションや天候などのレース環境、ライバルの状態といったいろんな要素を踏まえて、コースマネジメントをするはずです。

もし折り返し地点で練習時のタイムよりも遅ければ、どこかで巻き返しを図ろうとペースを修正する必要が出てくるでしょう。この予定と計測結果を照らし合わせてペースを修正していくことこそ、プロセスのコントロールです。42・195㎞という全体の目標タイム設定だけでなく、「10㎞地点でのタイム」や「折り返し地点でのタイム」といった、プロセスごとに目標を設定し、定点観測できる状態を目指すわけです。

営業でいえば、このプロセスに該当するのは「行動管理」や「案件管理」です。

行動管理では、商談開始から受注までの期間（リードタイム）を考慮したうえで、最終目標から逆算して様々な中間目標を設定します。案件数・商談数・アポイント数・コール数といった項目ごとに「（目標を達成するには）いつまでに、どれだけ必要か」という定量的な中間目標を立て、進捗状況に合わせて調整していくのです。

案件管理では、商談を一括りに「受注／失注」とだけ管理してはダメです。案件ごとに「今は営業プロセスのどのフェーズにいるか」「商談に必要な情報はとれているか」「今後、予想される反論材料にどう対処するか」「最終的に受注するために必要な材料とは何か」といった個別の戦略を考えていきます。

その際、セレブリックスのメソッドでは、商談のプロセスを商談準備からクロージングまで細かく分解します。そして、一つひとつのプロセスを前進させる計画を作成し、そのつど発生する問題（＝お客様が買わない理由）への対策を講じていきます。

だからこそ、成果というゴールにたどり着くまでの〝ズレ〟を最小限にできるのです。

つまり、成果をコントロールするとは、営業プロセスをコントロールすることなのです。案件ごとにプロセスを細分化して逐一修正を図っていくことが、成功への近道につながります。

第1章

マインドセット

「売れる営業」が大切にしている10のルール

営業という仕事は目まぐるしく変化しています。

BtoB営業では、デジタルツールを活用した営業や
営業プロセスの分業制、オンラインでの商談が進み、
BtoC営業では、ウェブでの受発注の完結が広がり、
最近では「営業不要論」を唱える人も増えてきました。

では、BtoBでも営業の介在価値はなくなっていくのか。
購買者がウェブ検索した程度で、
果たして合理的な課題解決は実現できるのだろうか。

私はそんなに単純じゃないと考えます。
購買者がアクセスできるウェブ情報の多くは、
企業のマーケティング活動へのアクセスでしかありません。
購買者がジャンクな情報の波に溺れることだってあります。

しかし、売り手優先の情報にウンザリするのは、
営業パーソンのセールストークだって同じこと。
今はもう、「自分の利益」だけを追う営業パーソンは要りません。
購買者に必要とされるのは、〝会う価値がある人〟だけなのです。

では、変化が激しい時代に営業はどんなマインドセットをすべきか。

セレブリックスでは数多くの「トップセールス」と
呼ばれる人たちの行動や提案スタイルを分析してきました。
その結果、見えてきたのは「売れる営業／売れない営業」には
根本的な考え方の違いがあるという事実です。

結果を出す人たちが大切にしている思想や習慣を、
あなただけの「Sales is」をつくるヒントにしてください。

ルール

1 商品の強みや特長を「売り込まない」

最初に、皆さんの営業適応力をチェックする質問をします。左の【図表2】をご覧ください。このように様々な強みや特長のある高性能ビジネスチェアの営業担当だとします。目の前にお客様がいるとして、「この高性能チェアを売ってください」と言われたら、あなたはどうやってこの商品を売りますか？　考えてみてください。

この問いに対して、「国内製造で安全品質」「デザインの賞を獲得している」「人間工学に基づく設計」「壊れにくい」といった、機能や特長を訴求しようとした場合は、残念ながら赤点です。

なぜなら、商品の特長や効き目で心が動くのは「買おうと思っているお客様」くらいだからです。新規営業で圧倒的に多いのは、「買う予定がないお客様」に営業するケース。そうしたお客様に商品の強みを訴求するのは、営業のエゴとも言えます。

図表2 あなたはこの商品をどう売り込む?

- 安全な品質(国産素材、国内製造)
- デザインの賞を獲得している
- 高級感のあるオシャレなオフィスになる
- 5万人のモニターからサンプルをとった人間工学に基づく設計
- 仕事の生産性を高める姿勢をキープ
- 疲れにくいので作業効率が上がる
- アンケートでは「ほかの椅子よりも疲労感が少ない」という結果が出た

例えるなら、意中の人にどれだけ自分が優れていて、これまでモテてきたかという自慢話を延々と聞かせているようなものです。実際にはそんな人がモテるはずがありません。

今の時代の営業パーソンが〝大前提〟として知らなくてはいけないのは、商品を必要とする価値は、お客様によって異なるという事実です。「いいものだから売れる」という時代は終わりました。デザインに興味のない人に、オシャレさを推しても心が離れるだけ。相手の価値基準に合わせなければ、せっかくの商品の価値が1ミリも伝わりません。

こう言われると当たり前だと気づくのですが、多くの営業パーソンは「商品のよさをア

図表3 商品に紐づく情報と顧客の課題に紐づく情報

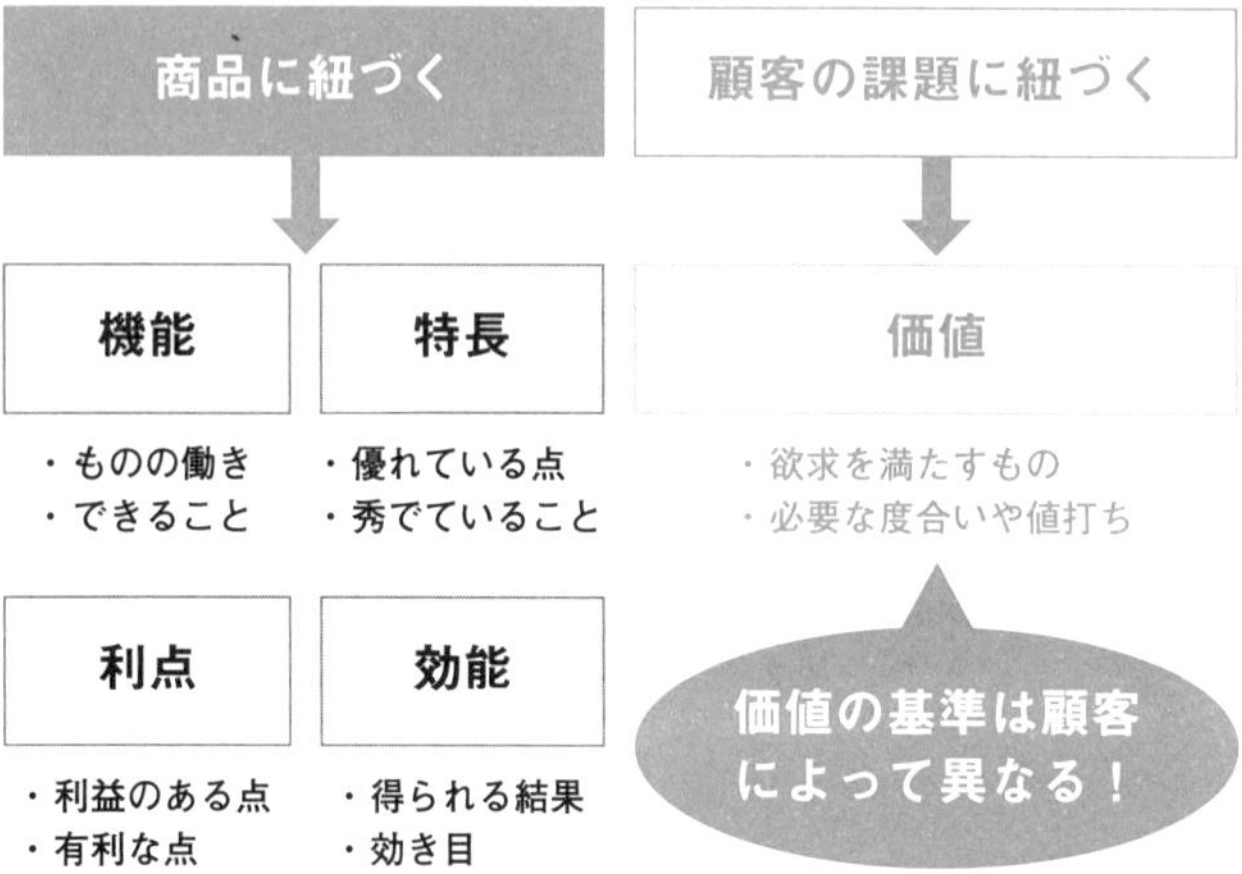

ピールしたい」という思いが先走り、「性能のよさを伝えることが、相手にとっていちばんメリットがある」と、勝手な解釈をしてしまいます。

そうならないために必要なのは、商品の「機能」や「特長」と、お客様にとっての「価値」をハッキリ分けて認識することです。

つまり、上の【図表3】のようになります。

「機能」や「特長」「利点」「効能」は、商品に紐づく情報です。一方で、「価値」とは相手が感じる必要度合いやモノサシであり、あくまで「お客様の課題」に紐づきます。要するに「主語」が違うのです。次の2つの文章を読み比べてみてください。

- ☑ この商品（主語）は優れている
  ↓機能や特長、利点、効能
- ☑ お客様（主語）が課題を解決できる
  ↓価値

この違いをきちんと認識していないと、決してお客様の心は動かせません。

ルール 2 お客様を「主語」にして行動する

営業をするうえで「顧客視点に立つ」という意識を持つ人は多いでしょう。しかし、その意識を徹底できている人は少ないのです。いざ営業の現場に臨むと「売りたい」という気持ちが先走り、自分本位になってしまうからです。

営業するうえで重要なのは、お客様が価値と感じることを確かめ、「どこまでも価値を満たす」提案をすることです。こうした価値のある提案を実現するためには、日常的に「顧客を主語に寄せる」という意識づけと訓練を行いましょう。

顧客を主語に寄せる際のポイントは、「売るもの提案」ではなく、「買いもの提案」へのシフトです。例えば、次のようになります。

×「この●●というサービスが売れ筋です。多くの企業に選ばれていて、現在キャンペーン中です」

◎「御社の目標である3年後に社員数を2倍にするためには、今から○○に取り組む必要があります。そのための●●です」

このように、営業が考えるべきは「売り方」ではなく「（お客様の）買い方」です。言い換えれば、〝買いもののアドバイザー〟になることだと考えましょう。

営業パーソンがどれだけ素晴らしい提案をしても、最後の意思決定はお客様が行います。購買理由はそれぞれありますが、究極のところお客様は「今よりよくするために商品を購入」します。

つまり、買って成功するのも便利になるのも「お客様」なのです。

ただし、顧客に主語を寄せるというのは、自分とお客様の気持ちを〝完全一致〟させるということではありません。私たち営業パーソンは、お客様のための提案をしますが、お客様になりきる必要はありません。

ここを間違えると、ハッキリ言って新規営業で業績は上がりません。

お客様の発言に百パーセントの共感を示すスタイルだと、「イエスしか言わない営業」になってしまい、買おうとしているお客様から〝しか〟注文をもらえなくなるからです。

この場合、お客様から見た営業パーソンは、パートナーではなく注文窓口です。

コミュニケーションの取り方や伝え方には、最大限の敬意を払う必要があります。しかし、お客様の課題解決を真剣に考えるなら、言うべきことは伝えるという「配慮はするが遠慮はしない」というスタンスが重要です。

ルール 3 営業主導で「課題を見つける」

3つ目のルールは、営業パーソンこそ「コンサルタント思想を持つべし」というものです。もしあなたが、お客様に言われたことだけに対応する「それなり営業パーソン」で満足なら、このブロックは飛ばしてください。

しかし新規営業、特にアウトバウンド営業においては、課題を聞くだけの「ヒアリングスタイル」ではダメです。なぜなら、買おうと思っていないお客様が認識している問題点や課題は、「今、お金を払ってまで解決しなくてもいい」と思っている内容ばかりだからです（だから現段階で発注していないのです）。

つまり、お客様が「持っている」情報や声を拾うだけでは不十分なのです。どれだけ質問を繰り返しても「今、商品を購入する理由」が見つからず、結局は残念な結果に終わります。

さらに言えば、私はそもそも商談で出てくるお客様の言葉を半信半疑に受け止めています。もちろん話は真剣に聞きますが、一方で「それは本当か？」と、疑いの心をもって事実を確かめるようにしています。

想像してみてください。商談時に聞いた情報や課題は、お客様が本当に日ごろから認識している正確な課題なのでしょうか？　商談中に思いつきで発した言葉や、会社全体で認識している課題ではなく、商談相手の主観も含まれているはずです。

こうした状況で営業パーソンに求められる役割は何なのか。ひらたく言えば、契約前のお客様に「コンサルティング」することです。

結局のところ、新規営業は解決策を提案する前に勝負が決まっています。解決すべき課題や課題に紐づく「価値」を示すことができるかどうかが重要なのです。お客様の状態をリサーチし、問いや示唆を与えて新たな課題を発見・設定する技術は、コンサルタントに求められる能力そのものです。

これらの観点から、お客様の要望をただ聞くのではなく、「課題を見つけにいく」、あるいは「課題を特定しにいく」という営業主導のスタンスを目指さなくてはいけません。ある意味、営業とは相手の価値基準を「確かめる行為」であると同時に、相手の価値に合わせて情報を加工して提案する「情報加工業」でもあるのです。

私自身、心から営業を楽しめるようになったのは、この情報加工で手ごたえを感じるようになってからです。伏線回収といえば大げさですが、商談前の準備やお客様の発言をヒントに、商品情報を加工した「お悩み解決策」を繰り出すわけです。

すると、お客様から「まさにそうです!」「確かに……おっしゃる通りです」と、いいリアクションが返ってきます。そのときはまるでパズルのピースがうまくハマったような、何ともいえない高揚感に包まれます。

もちろん、最初から完璧な課題発見などできません。かつて私も、専門知識でマウントを取ることがコンサルティングすることだと勘違いして、お客様に「なんであんたにそんなこと言われなきゃいけないんだ!」と、お叱りをいただきました。

今思えば当然ですが、人に提言やアドバイスをするときこそ配慮を忘れてはいけませんし、浅い関係の段階でやろうとすると失敗します。今ではこれを肝に銘じています。

さらに言えば、「コンサルティング」をするために営業パーソンに求められる絶対必要条件は「商品やサービスの基本情報や付帯情報をきちんと知っていること」です。

これはスキルではなく、意欲と暗記の領域です。まずは、商品の基本的な機能や特長、そして実際にお客様が利用して便利になった活用事例や成功パターンを完璧に言えるようにならなくてはいけません。

この点がまだ怪しいという人は、営業テクニックを学んでいる場合ではありません。このページに付箋をさしこみ、今すぐ本を閉じて商品理解を深めてください。解決方法を知らなければ価値訴求もコンサルティングもできません。

ルール 4 「社内営業」を重視する

「仕事の報酬は仕事」という言葉があります。非常に素晴らしいメッセージだと思いますし、本当に優秀な営業パーソンには「いい仕事」がやってきます。

これはオカルト的でもスピリチュアル的でもありません。誰もが余計な失敗をしたくないので、「信じられる人」に仕事を任せたいのです。

すなわち、成果をコントロールするためには、いい仕事（重要な案件）を任されるように信用で結ばれた社内コネクションを築かなければなりません。

営業という仕事は個人戦と捉えられることが多いようですが、それは違います。むしろ優秀な営業パーソンこそ、周りを上手に巻き込むし、その重要性に気づいています。

社内での巻き込み方には、私が見てきたなかでも様々なパターンがあります。面倒見がよく仲間を引き込むのが上手な人、愛嬌があって上司や先輩にかわいがられる人、色々な部門に顔がきく人……どのスタイルを目指すかは人それぞれですが、この「社内営業（調整）」は成果を生むための大きなファクターです。それほど重要なスキルなのに、研修コンテンツになることが少ないのは不思議です。

確かにフロントランナーとしてお客様と対面するのは営業パーソンです。しかし、いくつものサポートや協力があって私たちは営業現場に足を運べるのです。

ケースによっては、納期や条件など多少無理して受注する場面も出てきます。その「無理をする」場合に、「この営業パーソンのために一肌脱ぐか！」と言ってもらえるかどうかが、受注に大きく影響するのは明らかです。

特に最近では、営業活動に分業制を取り入れる企業が増えています。一件の受注を獲得するまでに、マーケター、インサイドセールス（非対面営業担当のことで、アポイントの獲得などをミッションとしている）、営業サポート部門、納品部門、採用担当といった、様々な関係者とのコラボレーションが必要なのです。

この前提に立てば、お客様から頂いた会社や営業への評価は、サポートやバックヤードの利害関係者も含めた評価であることを忘れてはいけません。お客様の生の声を聞いたら、積極的に社内にフィードバックしましょう。フィードバックをする営業パーソンとそうでない人では、周囲の受け取り方が百八十度変わります。

私がかつて上司から口酸っぱく言われ続けたのは、こんなことです。

「いいか？　自分の給料以上の稼ぎを作っているくらいで満足なんてするなよ。お前が活躍できているのは、周りのサポートがあってこそだ。だからお前は、売り上げを出せない周りの人たちみんなの給料を上回る額を稼ぎ出さなければいけない。自分の給料の3倍の稼ぎを作って初めてホンモノだ」

この言葉は今も私の胸に刻まれていますし、すべての営業パーソンに届けたいメッセージです。

せっかくなので上司との関係性についての考え方にも触れます。上司の時間は無限ではありません、日ごろから細かく報告や相談をしていれば、商談や案件の攻略に対して上司の協力を促すことも簡単になります。営業活動において「できる人に協力してもらう」ことは、成果をコントロールする大きなアドバンテージになるはずです。

さらに言えば、重要な案件が発生したとき、上司は信用できる人にその案件を託します。つまり、成果をコントロールするためには「いい案件を任される状態を形成しておく」必要があるのです。

いざという局面で、期待という名のパスを渡される人物になれるよう、普段から社内での関係構築に取り組んでください。

ルール5 ブランドという「タスキ」を繋ぐ

社内営業を大切にするのと同時に、社外のお客様と相対したときには、営業パーソン一人ひとりが、「企業や商品ブランドを映す鏡である」という自覚を持たねばなりません。

ブランディングは、「買い手からどう思われたいか」という点をゴールに、ファンの獲得や競争力を発揮するための投資とも言われています。


しかし、ブランドは売り手の一方的なメッセージのみでは成立せず、最終的には使用したユーザーがどのように受け止めるかが肝心です。どれだけマーケティングや広報活動に投資を行っていても、最終的にお客様と対峙する営業パーソンがブランドに相応しいコミュニケーションを取れていなければ、そのイメージは「裏切り」に変わります。

顧客開拓は営業一人で完結することは絶対にありません。商品を作る人、商品を認知させるマーケター、購入後に納品やサポートをするチームがいてはじめて成立するのです。

彼らから受け取った〝タスキ〟を繋ぎ、お客様にブランド体験を楽しんでもらうためにも、営業の立ち居振る舞いや印象ひとつで台無しにするわけにはいきません。

新規営業の場合、アウトバウンド営業でもインバウンド営業（お客様側からのアクション・反響営業）でも、お客様が営業パーソンを指名するということはほぼありません。電話をかけてきた営業やメールに返信した営業、訪問した営業、これらを通じて対面した営業パーソンが「その会社の印象と評価そのもの」になるのです。

想像してみてください。お客様の立場からすれば、忙しい時間をぬってアポを約束したが、実際に訪れた営業パーソンが「自社の商品に愛情がない、自分に自信がない、約束を守らない、競合を蹴落とすような発言ばかりする」……こうした印象だったらどんな気持ちになるでしょうか？　ハッキリ言えば「最悪」です。

読者の中には若手や営業未経験の方もいるでしょう。しかし、営業される側にとって新人でも経験が浅くても、どれだけ忙しくても、そして成績が悪くてもそれらは関係ありません。営業側の都合などどうでもいいことなのです。お客様にとって商談の1時間は、誰とであっても同じ1時間。だったら、「優秀な人と商談したい」と願うのは当たり前です。

「思うように売れていないので、自分の営業に自信が持てない」という人もいるでしょう。ときには根拠のない自信も大切ですが、実際には売れたとか、達成したという体験がないと自信を持つのは難しいです。

そんな人は、自分に自信を持つのは後回しにしてもいいのです。まずは考え方を変えましょう。自分自身ではなく、「自分が選んだ会社」や「お客様に選ばれている商品」に自信を持つのです。

すでに実績がある商品には何かしらの根拠があります。「これまでも選ばれている商品（会社）なのだから、きっと新規のお客様にも価値を提供できるはずだ」と思えば、自分も納得しやすいはずです。

いずれにしても、ブランド体現者として、お客様と向き合う以上は「自分が最高のセールスパーソン（課題解決パートナー）」だという自覚を持って、営業のステージに上がるようにしましょう。

ルール 6 「信頼」してもらう前に「信用」を目指す

約束を破る・期待を裏切るといった行為があると、新規営業は絶対に成功しません。新規営業は言い換えれば「新規購入」です。今まで実績のない企業から商品を買うのだから、慎重になって当然です。

そもそも、お客様にとって営業パーソンが「信じて頼れる人」になっていない限り、会社の実態を本音で話してくれることはありません。

営業パーソンがお客様に対して、「なんとか信頼してもらいたい」と、起死回生の質問を連発している姿を見かけますが、あれはもはや一種のコントです。話したくない相手から何を聞き出せるのでしょうか……。

次ページの2つの表は、セレブリックスが調べた営業シーンにおける「お客様の信用を下げる行動や発言」の例です。多くの項目に思い当たる人は注意してください。

お客様への印象を悪くする行為

- ✓ 第一印象で清潔感や誠実さを感じない
- ✓ 商談とは関係のないプライベートな話題のアイスブレイク
- ✓ 会話ではなく、一方的に話す
- ✓ 回りくどい言い回しや要領を得ない質問が多い
- ✓ 情報を調べていない(基本的な発言が多い)
- ✓ 会話にリアクションがない(聞きっぱなし)
- ✓ レスポンス が鈍く、スピード感がない
- ✓ 報告、連絡、相談の頻度や内容が不適切
- ✓ とり繕う言動や言いわけが多い
- ✓ 言動が自分主体で顧客への配慮が見られない
- ✓ 商品や事例などの基本情報で勉強不足が目立つ
- ✓ 法律、セキュリティ情報管理への意識を欠いた言動
- ✓ 同じ指摘や注意を二度以上受ける

営業パーソンがやってはならない行為

- ✓ 社会倫理、コンプライアンスに反する行為
- ✓ できない約束を気軽にしてしまう
- ✓ 約束を反故にする
- ✓ 嘘をついたりごまかしたりする
- ✓ やると決めたことを途中で投げ出す
- ✓ 他社の秘密情報を不必要に漏らす
- ✓ 時間(打ち合わせ時間/納期/提出期限)を守らない
- ✓ 若い購買者への配慮を欠く発言など横柄な態度
- ✓ 見積額の誤りや企業名の間違いなど誤字脱字
- ✓ 貸与物や配布物の紛失
- ✓ 自社や自社製品の悪口を言う行為
- ✓ 競合他社や競合商品の悪口を言う行為
- ✓ 会話のズレやコミュニケーションが円滑ではないこと

では、どうやって新規のお客様に信頼してもらえばいいのか。そこで重要になるのが、いきなり信頼してもらおうとはせず、「まずは〝信用〟してもらう」というスタンスです。

多くの人が、信用と信頼を曖昧にしていますが、信用と信頼は違います。

信用とは、クレジットカードの審査などでも信用調査が行われるように、「過去の実績や事実に対して行うもの」です。実態があるのが前提です。

一方、信頼とは信用や実績を源泉にして、「この人に任せてみよう」と思ってもらう、いわば「未来に対して行うもの」です。つまり、実態ではなく可能性の話なのです。

多くの営業パーソンが、「信頼獲得」とか「信頼構築」と口にしますが、これまで取引のない営業パーソンがお客様から信じて頼ってもらうには、そもそもまず、「信用される／信用を失わない」必要があります（【図表4】）。

信用を獲得するための具体的なテクニックは、第4章「勝敗を分ける『見込み案件』の作り方」でも解説しますが、信用を積み上げるのは大変ですが、失うのは一瞬です。

私にも忘れられない失敗談があります。あるお客様との打ち合せ中に「とりあえず」と

図表4 「信用」された先に「信頼」がある

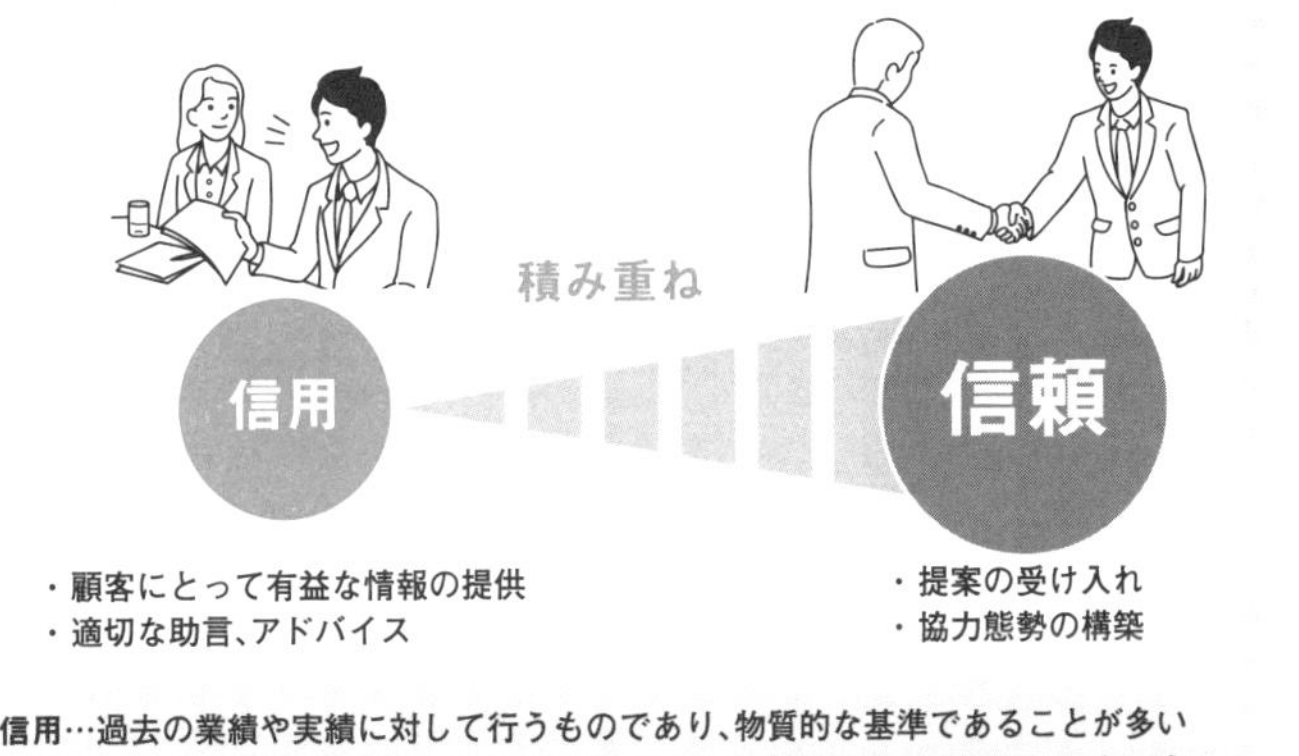

いう言葉を用いたとき、「私たちは『とりあえず』といったゆるい気持ちでやっていません！」とお叱りを受けたのです。そのときは弁明に大わらわになったのを今でも鮮明に覚えています。

悪意はなかったとしても、何げない言葉選びが相手との関係にヒズミを生じさせるという学びになりました。

信頼は信用を土台に築かれることを、どんなに営業経験を結んだとしても忘れてはいけません。今では私も購買者として商談を受ける機会が増えましたが、こうした「何げない発言」をしてしまう営業パーソンはとても多いと感じます。その一言に人間性が出ることを知っておいてください。

ルール

7 「第一印象」をコントロールする

「印象づくりはコミュニケーション戦略」

この事実を理解していない人が本当に多いです。よい印象を持たれることが、どれだけ営業の難易度を下げてくれるのか——その恩恵を知らない人がほとんどです。

これは新人よりも中堅・ベテランのほうが無自覚になっているケースを多く目にします。いわゆる過信です。

「認知バイアス」という言葉があります。人が物事を判断する場合に、個人の常識や周囲の環境など種々の要因によって非合理的な判断を行ってしまうことです。

これを営業に置き換えて解釈してみます。もし目の前の営業パーソンが「たぶん」「まあ」「一応は」といった曖昧かつ適当な発言を多用したらどうなるか。その営業パーソンに対してお客様が「だらしないヤツだな」というレッテルを貼ったら、その後にどれだけ的を射た発言をしても適当な発言だと捉えられてしまうのです。

同様に印象の良し悪しは、「カラーバス効果」も作用します。カラーバス効果とは、「あるひとつの物事を意識すると、それに関する情報が自然と目に留まりやすくなる現象」を指します。

つまり、一度「悪い印象」を抱いてしまうと、その人の「悪い点」ばかりが目立ってしまいます。反対に早い段階でいい印象を抱いてもらえば、その後の何げない発言や行いが、いい方向に作用します。

では、あなたは（対面でもオンラインでも）目の前にいる相手に自分がどのような表情で映っているか明確に想像できますか？　1時間、親しみやすい自然な笑顔でいることはできますか？

私の経験上、かなり顔の筋肉が必要なのでトレーニングしていないとムリです。印象づくりの本質は「客観視」です。相手にどう見られているか。どう思われたいかをコントロールするのです。

これらはセルフブランディングといっても過言ではありません。営業シーンにおける「印象づくり」にはポイントがあります。次のようなものです。

対面営業で「いい印象」をつくりたいときは？

- ☑ 笑顔は爽やかで親しみがあるように演出
- ☑ 髪型は違和感をなくし、清潔感を重視
- ☑ 服装（スーツのシワ、ネクタイの伸び方、靴の汚れ）をチェック
- ☑ 行動はテキパキと、きれいな立ち方やスマートな名刺交換
- ☑ 声量はTPOをわきまえた大きさにする
- ☑ 姿勢は頼り甲斐があり、自信に満ち溢れたものを意識
- ☑ 一つひとつの所作をゆっくり丁寧に行う

オンライン営業で「いい印象」をつくりたいときは？

- ☑ 清潔感のある髪型や違和感のない顔色
- ☑ カメラの位置は目線の高さに合わせる
- ☑ 画像加工よりカメラ性能を重視
- ☑ 音声のクリアなマイクを用意
- ☑ 背景と同化しない色の服装
- ☑ 入室後は、目線をカメラに向けて会釈する
- ☑ 遅れて入室した時は会話の間をぬって明るく挨拶
- ☑ 自分が聞き手の時はできる限り微笑む
- ☑ とにかく相槌を打つ、無反応はNG
- ☑ 表示名に工夫を加える（社名を入れるなど）

顔とカメラとの
距離、位置が適切

顔がカメラに近く
圧迫感を与える

顔が画面の端に
寄っている

カメラの位置が適切

カメラの位置が低い

第一印象とは最初しか訪れないからこそ、〝第一〟印象です。同じチャンスは二度と訪れません。

これらの印象づくりは日常のなかでのちょっとした意識変化で変わりますが、やるとやらないのでは、その後の相手とのコミュニケーションにとてつもない差が生じます。

ルール 8 「行動量」は常にトップギアに設定する

トップセールスと呼ばれる営業パーソンは、質もさることながら「数」に強い執着をみせます。「量が質を凌駕する」という考えを大切にして、多くのサンプルを集めて自身の仕事を改善する意識を強く持っています。

ただし、トップセールスがこだわる「数」は、闇雲に取り組む数とは異なります。仮説と根拠をもとに、意味のある数や量を増やして、営業活動を通して自分の手法を確かめているのです。

セレブリックスでは、トップセールスの体験をシェアするウェブメディア「Sales Ship」を運営しています。これはそのメディア内で実際に何人ものトップセールスにインタビューをして気づいたことですが、ハイパフォーマンスを発揮する営業パーソンは、組織から課せられた目標よりも高い数値を自分に課しています。そして、目標を具体的な行動に落とし込んで計画を立てます。

同時に、彼らは多くの「量」に対応することが習慣になっています。だから数をこなすことに苦痛や抵抗を感じません。トップセールスにとって行動量を常にトップギアにしておくことは「当たり前」なのです。スポーツの世界でも「当たり前のことを、徹底してやり抜いた」といった発言が多いですが、まったく同じことだと思います。

「量の影響力」は実際に計算式に当てはめてみると、その重要さを肌で感じられます。

☑ 一日10件コール数を増やせれば、営業日が20日だとして月間200件×12カ月＝年間2400件が増やせる。

- ✓ 3年続ければ7200件のコール数増加になり、自分のアポ成功率が3%なら3年間で216件の商談が増える。

↓

- ✓ 216件の商談が増えれば、自分の受注率が20%だと仮定した場合には43件の受注が増える。

↓

- ✓ 単価が300万円の商品であれば、43件×300万円で1億2900万円の売り上げに繋がる。

一日10件の電話を増やすというのは、7時間の業務時間で計算すると1時間につき2件のコール数を増やすだけなのです。ちょっとした工夫で可能になります。

これは極端な例ですが、1時間に2件の架電を増やせる人が1億円以上のパフォーマンスの差を生むわけです。トップセールスとそうでない営業パーソンとの差は、こうした「微差へのこだわりと執念」です。

ルール 9 会える人ではなく「会うべき人」と商談する

優秀な営業パーソンは、お客様と対面できる時間（ピュアセールスタイム）の長短が、成果と比例関係にあることを理解しています。だからこそ、仕事の優先順位や時間の使い方は、「自分だけで完結するか」「社内の関係者が必要か」「お客様が関わることか」という関係者軸で見極めているのです。

こちらも「Sales Ship」での取材の話です。営業力で有名な企業であるセールスフォース・ドットコムで「年間売り上げ世界一」に輝いたことのある、大澤篤志さんが商談相手の選び方について話をしていました。

取材者が「良質な商談を獲得するために意識していることは何ですか？」と聞いたところ、大澤さんは「役職者との商談にこだわる」と言っていたのが印象的でした。

「悩みがしっかり聞けている一般社員とのアポイントよりも、情報を何も聞けていない上位役職者との商談に勝機があるんです。ビジネスを行ううえでチャレンジをしている役職者は、必ず課題をもっています。そして、上位役職者が抱える課題のほうが、経営にインパクトのある提案に繋がる」

大澤さんはそのように話していました。経営にインパクトのある課題は、いわずもがな「重要性」と「緊急性」の高いものです。これはまさに、新規営業において「買わないお客様」を「買いたいお客様」に変える切り札になるでしょう。

このようにトップセールスは「会える顧客」ではなく、「会いたい顧客／会うべき顧客」と商談をします。目先の安易さを選ばずに、受注することや、さらにその先にある「課題解決のパートナーになること」を目的にしているからです。

仮に、あなたの担当がインバウンドのような反響営業だった場合は、お客様企業では購入イベントやプロジェクトが立ち上がっているはずです。経営層の課題と現場の導入推進者の課題がリンクしていることが多いので、無理やり担当を飛び越えようとする必要はありません（もちろん、経営にインパクトを与える課題や商品導入の先に目指すビジョンを知っておかないと最適な提案はできませんが)。

一方でアウトバウンドでの新規営業を行う場合、接触の難易度が高まったとしても、経営の意思決定者やそこに近いポジションにいるキーパーソンに接触し、経営層が持つ課題を特定することにこだわったほうがいいです。

アウトバウンドの新規営業だと、多くのケースで購入イベントも予算取りもされていません。つまり、新たな予算を作れる人や進言できる人でないと商談が進みません。

新規営業では決裁者・意思決定者の課題に迫れるかどうかが勝敗を分けるのです。

ルール

10 目の前の失注は「金脈」だと考える

最後のルールは「選択を正解に変える」というマインドです。どれだけ緻密に戦略や計画を練っても、少しもズレずに計画通りに進むことなどありません。だからこそ、行動・分析・実行を最短で何度も回して、営業プロセスの中で正解に近づけていくのです。

大事なことなのでもう一度言ます、予定通りになんて進みません。

これまでに1万2000以上の商材を扱い、絶えず営業代行や営業戦略を考えているセレブリックスでも、営業リストやトークスクリプト（台本）には何度も手を加えます。

商材を取り巻く外部環境も変わります。購買者ごとにニーズは異なります。営業には変数が多すぎるのです。

そして、お客様の中には「どうやっても買っていただけない企業」が一定数います。

今、目の前にいるお客様が、どうやっても買っていただけない企業なら、いっそのこと気持ちを切り替えましょう。そして、「実際に私の提案を聞いてどう思いましたか？」とか、「こうしたほうがいいといったアドバイスを頂けませんか？」くらいに割りきって質問してみるのはいかがでしょうか？

きっと、今後も営業活動を続けるうえで必要な「兆し」や「買わない理由」といった、営業成果をコントロールするためのヒントが集まります。いや、むしろそれを集めに行かなくてはいけません。

前述のように、営業は「確かめる行為」でもあります。営業パーソンは、お客様と直接対面ができて、直接尋ねることができるのです。

つまり、目の前には明日の営業を簡単にするための「金脈」があるのです。それなのに多くの営業パーソンが金脈には触れず、目先の受注、もしくは失注を得るだけの営業をガムシャラに繰り返しています。営業での失注は失敗ではありません。正解に近づくための精査だと考えましょう。

第2章

アポイントメント

「会えない時代」でも新規顧客を見つける方法

あなたが巧みな営業力（ヒアリング力や提案力）を持っていたとしても
ニーズのあるお客様とのアポイントが獲得できなければ、
それを披露する機会はありません。

どんなに優れた商談スキルを持っていても
買ってくれないお客様は必ず存在します。
大切なことはニーズのあるお客様を探すこと。
すなわち「探客力」です。
そして、ニーズのあるタイミングで営業をすることです。

だからターゲットリストのメンテナンスは精魂を込めて行ってください。
１００時間のリスト作成時間は「投資」ですが、
１０００時間の間違った営業時間は「浪費」でしかありません。
お客様との繋がり方に頭を使いましょう。
そうすれば、あなたの顧客リストはオリジナルカラーに染まるはずです。

新型コロナによって変わった営業のルール

2020年に始まった新型コロナウイルス（COVID-19）の世界的な流行によって、私たちの新規営業を取り巻く環境は大きく変わりました。

これまで当たり前に取り組んでいた、新規リストに対するテレアポや対面での商談が、物理的に困難な（推奨されにくい）方法になってしまったのです。

次ページの【図表5】をご覧ください。こちらはセレブリックスが調査した、新型コロナの大流行以降、各企業が感じている営業課題です。

このグラフからわかるのは、まず事業を行ううえで既存顧客からの売り上げ減少を補うために、新規営業の必要性を感じている企業が多いことです。

それに反して、新規営業におけるアポイントメントや商談を獲得する難易度は上がっています。皆さんも痛感していると思いますが、新型コロナの影響で、在宅勤務・リモート

図表５　新型コロナ流行以降の「営業の悩み」

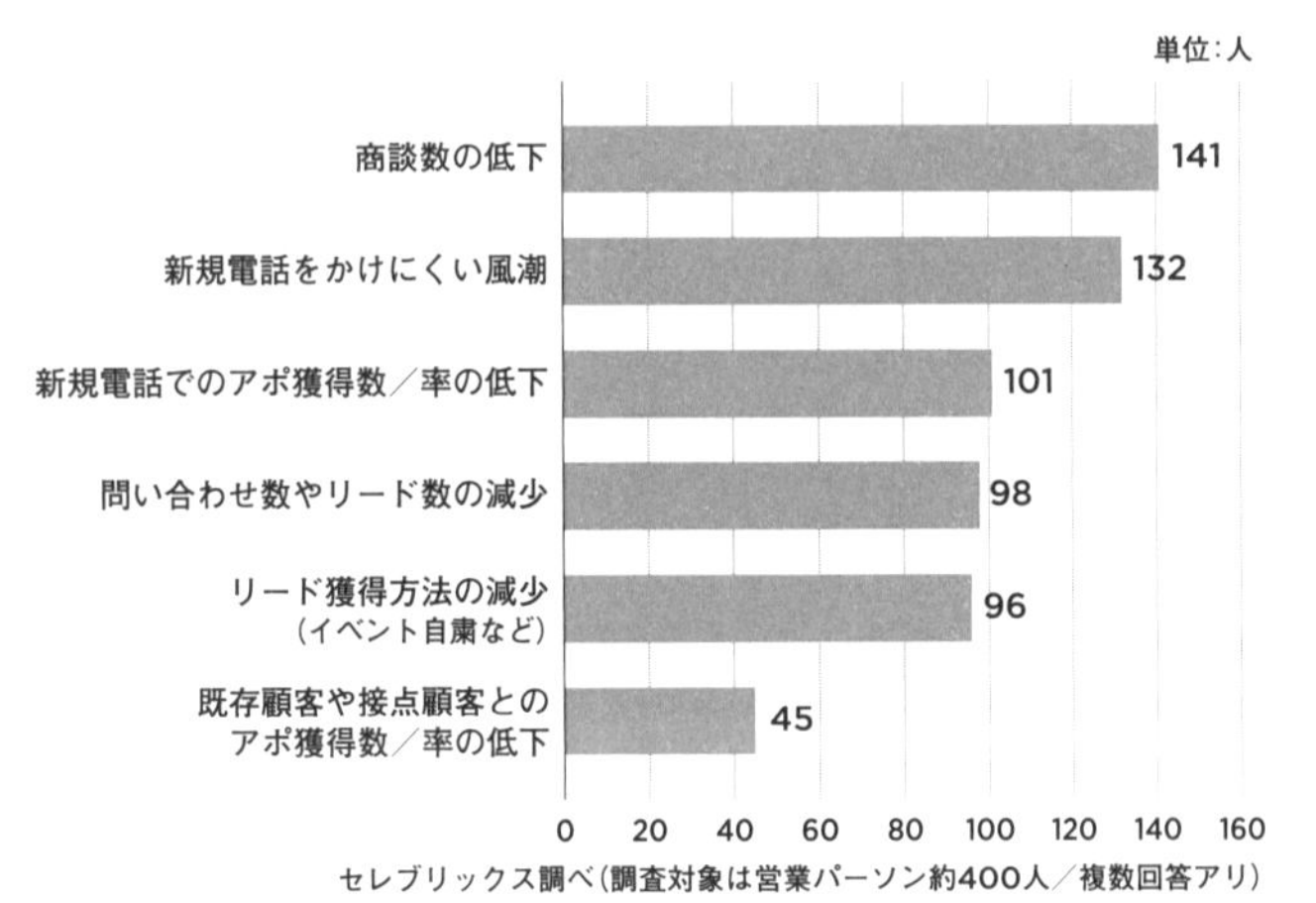

セレブリックス調べ（調査対象は営業パーソン約400人／複数回答アリ）

勤務・分散出社など働き方の変化が加速し、電話をかけても営業相手のキーパーソンに「繋がらない」ケースが増えました。

また、会社に出勤しない人が増えたため、受電代行を取り入れる企業が増加。新規営業における電話での接点づくりは、以前より難易度が上がったことは確かでしょう。

営業を行う事業者、営業にとって「アポが取れない」ことは死活問題です。アポがなければ受注が取れることはありませんし、精神的にもツラくなるばかりです。

ただし、必要以上にこの事態に怯える必要はありません。お客様が商品を購入しなくなったわけでは決してないからです。

変化したのは、購入に至るまでの意思決定のプロセスや営業とのコミュニケーションの手段なのです。

この章では、お客様と会えない（会いにくい）時代でも、接点を持つ方法や、商談の機会を設けるために営業パーソンができるテクニックについて説いていきます。

むしろ、多くの営業パーソンが苦戦しているからこそ、「お客様と商談の機会を得る活路」を見いだした営業が、頭ひとつ抜けて成果を出していくとも言えます。

「営業力」よりも大切なものが「探客力」

皆さん、ここで重要なことをお伝えするので確実に覚えてください。

新規営業の成果をコントロールするには、営業力よりも「探客力」を磨いてください。

トーク術などセールステクニックの習得に時間を割くよりも、「アタックリストのメンテナンス」に時間を投資してください。

インサイドセールス（商談獲得）とフィールドセールス（商談）を分業しているのであれば、なおのこと密に連携しなければなりません。

たしかに、正しい営業力を身につければ、一部のお客様を「買わない」から「買いたい」に変えることができます。しかし、それはあくまで〝一部〟のお客様です。新規営業では、どうしても買ってくれないお客様のほうが多くなります。

したがって、ニーズがあるか、もしくは買う可能性があるお客様を探すことのほうがずっと重要になります。

探客とは、購買可能性のある「ニーズの高い見込み客を探す」行為です。

比喩として適切かどうかはさておき、これは〝釣り〟だと考えれば想像しやすいでしょう。狙った魚を釣るという目標を掲げた場合、その成功率に最も影響する要素は何でしょうか？　いい餌を準備する、高い釣り竿を購入する、釣りの技術を磨く……もちろん、すべて大切な要素ですが、あえて優劣をつけるなら、「腹をすかせた魚が集まる場所（魚群）」を見つけることではないでしょうか。釣り堀では素人が釣れるのと一緒です。

私が直接担当したり間接的に関わった営業代行やコンサルティングのプロジェクトは、これまで100社以上にわたりますが、探客がいかに重要かということがわかるエピソードとして、とあるセキュリティメーカーの話をします。

そのセキュリティメーカー（以下A社）は、もともと特定の分野（傷探知や異材検知）では実績と技術をもつ、その道50年以上の老舗企業です。しかし、セキュリティ分野への参入では後発組でした。ところが保有していた「検知」技術の転用に成功し、当時、業界では画期的なシステムだった検知範囲を2mまで広げられる入退管理システムをリリースしたのです。

不特定多数の人が出入りする場所でも、特定のICタグを持っている人が通過すれば、システムが入退場を検知してログを残してくれます。一方で、タグを持たない人が通過しようとすると、ブザーを鳴らしたり、通行を遮断できるようにするシステムです。

しかしリリースから1年たっても受注実績はゼロでした。その最大の要因は、正しい探客ができていなかったことです。

ターゲットにおける想定ニーズや仮説が甘く、電話をかけても「今は困っていない」「ウチでは必要ない」「警備会社に頼んでいるから、それで十分」と、なかなかアポが取れる気配はありませんでした。

一方で、せっかくアポが取れても、商談を通したお客様の生の声や、事実の収集ができておらず、結果としてターゲティングやリスト作りにまったく反映されていなかったのです。つまり、「やりっぱなし現象」が起きていました。

私がこの企業の営業コンサルティングに関わることになり、最初にテコ入れをしたのがこの探客活動です。

当初の仮説では、不特定多数の出入りが多い倉庫や病院、製造業の工場などをターゲットに設定していましたが、フリーハンドでの入退管理の重要性や、今すぐに導入する緊急性を訴求できずに攻めあぐねていました。

そうしたなかで、外部環境や世間の関心に目を向けてみると、当時は食品業界で異物混入がキーワードになっていました。異物混入の危険性は、製造過程のミスやトラブルだけでなく、そもそも愉快犯による作為的な混入もあり得ます。

そこで、私は部外者侵入に対するセキュリティという観点から「食の安全対策」というニーズに的を絞って営業活動を行ったのです。食品業界に絞ることで、「食の安全における望ましい姿」を共感してもらうことにリアリティが増し、各企業ができていること／いないことの生々しい事例や相場を集めることができました。

その後は、アポイントを獲得するのも楽勝です。一般的にアウトバウンドの新規営業では、コール架電数（電話を鳴らした数）からアポイントメント取得率は2〜3％と言われていますが、当時の私は、コールアポ率が10％を超えていました。特に、キーパーソンに接触できてからは50％以上アポが取れていたと思います。

ターゲット選定を磨き込んでいく必要性をご理解いただけましたか？

お客様理解の解像度を高めたり、真の欲求を掴むことによって、電話やメール、手紙でも「相手をハッとさせられるメッセージ」を届けることができるようになります。

そして、探客の奥深いところは、「営業をやる以上、探客は一生やり続ける行為であり決して完成されることがない」という点です。

世の中の環境が変わればば優先ターゲットは変わりますし、ライバル企業の営業体制や商品強化があれば、ターゲットリストの作成基準も変わります。

勝利をもたらす「ターゲットリスト」の作り方

新規営業で成果を生み出すメカニズム（仕組み）は、この「リストアップ」と強い関係があります。だからこそ私は声を大にして言います。「ターゲットリストに魂を込めずに、新規営業が成功するとは思うな」と。

昨今はセールステックツールのなかでも、「今、営業すべきホットなターゲットリスト」を自動生成してくれるツールが増えています。それも納得です。それくらい、いいリストが好業績に直結することを、皆さんわかってきたからです。

ただし、ターゲットリストは一度作成したらそのまま使い続ければいいわけではありません。定期的にリストのチェックやメンテナンスをして、〝今すぐに使えるリスト〟という状態をキープしておくのです。

そのために必要なのが、【図表6】に記載した「ターゲットリストの重要な4要素」です。これが新規営業で成果を生み出す決め手となります。

図表6 ターゲットリストで重要な4要素

①精度
そのリストは“ニーズの高さ”を基準にリストアップできているか？

②鮮度
このリストのお客様は「一番いいタイミング」で営業できるか？

過去の商談情報をもとに定期的なメンテナンスをすることが重要

④絶対数
売り上げ目標を達成するためのリスト数があるか？

③具体性
アタックすべきキーパーソンの情報や事業課題、連絡先などがとれているか？

この4つの要素は本当に大切なので、写真に撮ってPCのデスクトップ画面にしていただきたいくらいです。それぞれの内容について説明していきましょう。

①ターゲットリストにおける「精度」

精度とは、顧客ニーズ（相手の求めているもの）と提供価値（商品で提供できること）のマッチングの度合いを表す指標です。かみ砕いて言えば、「買ってもらえる可能性が高いリストになっていますか？」ということです。

皆さんがターゲットを決める場合には、「企業属性」でリストアップすることが多いのではないでしょうか。企業規模や業種、資本金などは、購入できるリストやホームページから拾いやすい情報が多く、効率的にリストアップできるという利点があります。

しかし、より魅力的なターゲットに絞り込もうとするならば「購買動機＝顧客のニーズ」を起点にすることをオススメします。

例えば、あなたが人材紹介サービスの営業をしていたとしましょう。想定しているターゲットは「採用を強化していて、従業員満足度の向上に力を入れている企業」といったものです。このターゲット企業を探すのに、業界や地域、企業規模だけで括ろうとすると、採用を強化していない企業がリストに含まれて〝ムダ打ち〟が発生します。いわゆる、ターゲットリストが「バグっている状態」です。

このケースの場合、私ならリストアップは「就活・転職クチコミサイト」を見て、会社評価スコアのうち「待遇面」や「社風」の項目が高スコアな企業だけ選びます。ほかに「働き方改革コンテスト」などで、上位入賞している企業をピックアップするのもいいでしょう。より事実に近い情報を得て、「この企業は働き方改革や従業員満足度の向上に力を入れているな」と、ニーズに関連した仮説が立つからです。

一方で、いくらお客様にニーズがあったとしても、「自社のサービスでそのニーズを満たせない」のであれば、マッチング精度が高いリストにはなりません（ここはとても重要です、営業のセンター試験があれば問題に出ます）。

例えば、提案できる商品やサービスが「採用に力を入れている従業員１００人以上の企業に効果的」だったとします。それなのにリストには20人規模の企業まで含まれていたら、どんなに問題意識やニーズがあったとしてもミスマッチが起こり、受注は難しくなります。

このケースで見れば、「待遇面」や「社風」が高評価な企業に、「なおかつ１００人以上」という条件を加えて、顧客ニーズと提供価値のマッチング精度を高めていくのです。

ただ、こういったニーズ起点のリストアップには〝効率が悪い〟という声があがります。企業属性や地域属性のようにセグメントが分けやすくないため、情報の調達に手間や労力を要するからです。

しかし、間違ったリストに電話やメールでアタックすれば、そこで余計な体力や時間を消費することになります。１００時間のリスト作成の時間は「投資」ですが、１０００時間の間違った営業時間は「浪費」です。

ニーズのある顧客に営業できれば、本来は発生することのなかった無用な営業拒否や断りも減り、結果的には効率的な営業になるのです。

② ターゲットリストにおける「鮮度」

「料理は鮮度が命」と言われますが、この考え方は営業活動でもまったく同じです。旬な状態で美味しく食べてもらうように、営業でも「購買可能性が高いタイミング」で営業するのが、成果に最もインパクトを与えます。

ターゲットリストにおける鮮度のキープとは、常に「旬な状態・最新の状態」にアップデートするということです。言い換えれば、タッチポイント（接点）や調査情報をもとにリストにメンテナンス（更新）をかけていく作業とも言えます。

メンテナンス対象の例としては、キーパーソンの情報があります。

例えば、「セレブリックス商事株式会社の総務・人事部長の佐藤さん」という方をターゲット設定して営業活動をしていたとしましょう。しかし、セレブリックス商事の期が変わるタイミングで、佐藤さんは他の部署に異動になってしまいました。この場合、当然ですがキーパーソン情報の更新をしないと「旬な状態」にはなりません。

ほかにも、セレブリックス商事がこのタイミングで、「働き方改革推進委員会」なるものを設置していたらどうでしょうか。営業パーソンが、働き方改革と密接に関わる商品を扱っているのであれば、攻略対象はそもそも総務・人事部ではなく、働き方改革推進委員会になる可能性があります。

また、この働き方改革推進委員会ができたタイミングは、「企業が投資を決めたタイミング」でもあります。すなわち問題解決に対する「重要性」や「緊急性」が高く設定されているわけです。提案が通りやすい環境になったのは言うまでもありません。

さて、この「旬な状態」というのは、1件1件のリストごとに、「どのタイミングで営業すればいちばん買ってもらいやすいか?」を調査して、記録（ログ）していく行為とも言えます。

次ページの【図表7】のような調査を行ってログで残していきます。

図表 7　リスト内の企業情報は常に最新情報を調べて更新する

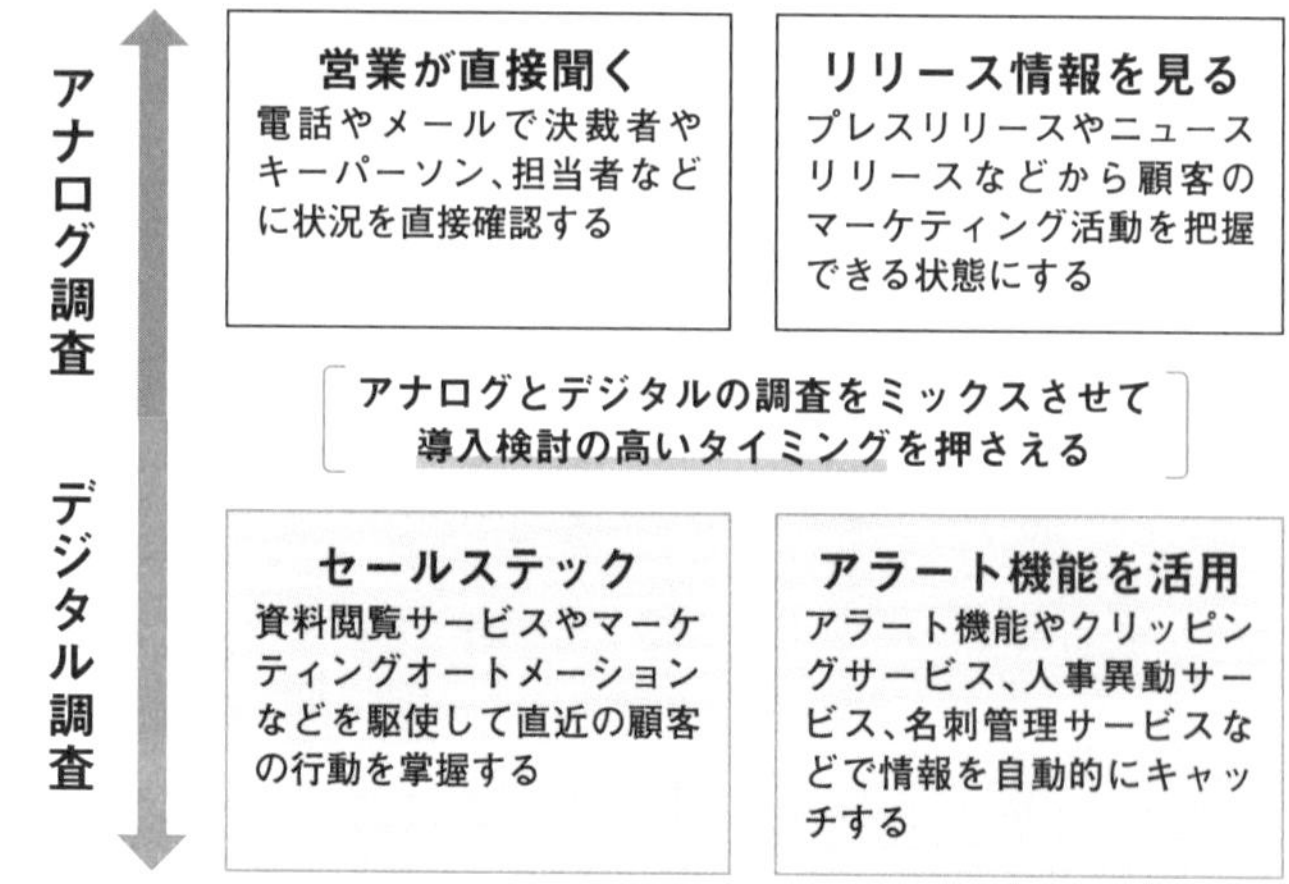

アナログ調査

営業が直接聞く
電話やメールで決裁者やキーパーソン、担当者などに状況を直接確認する

リリース情報を見る
プレスリリースやニュースリリースなどから顧客のマーケティング活動を把握できる状態にする

アナログとデジタルの調査をミックスさせて
導入検討の高いタイミングを押さえる

デジタル調査

セールステック
資料閲覧サービスやマーケティングオートメーションなどを駆使して直近の顧客の行動を掌握する

アラート機能を活用
アラート機能やクリッピングサービス、人事異動サービス、名刺管理サービスなどで情報を自動的にキャッチする

例えば、あなたがセレブリックス商事に、電話でアポを獲得しようとしたとき。「同じようなサービスを契約更新したばかりで、今年は検討の余地がない」と断られました。

そのとき「はい、わかりました」で終わるのではなく、「では、次の更新タイミングはいつですか？」「いつごろから検討を始めますか？」「サービスを買い替えるとしたら、どんな状況が考えられますか？」という、いろんな要素を聞いておくのです。

そうすれば、このお客様に営業する〝旬な時期〟がいつなのかが明確にわかります。

我々セレブリックスでは、こうした「いつ検討するか」「なぜ検討するか」が明確になったリードのことを「ＳＯＬ」と呼んでいます。ＳＯＬとはSales Opportunity Leadの略で、「購買タイミングが明確になった見込み顧客情報」という意味です。

新規営業はある意味、どれだけこのＳＯＬを獲得できるか、生みだすことができるかを競うビジネスだとも言えます。なぜなら、ＳＯＬを多く含めたターゲットリストがあれば、あなたは常にどこかの企業にグッドタイミングで営業をかけられるからです。営業の成否はタイミングを支配できるかどうかにかかっているのです。「営業力よりも探客力」と言われるゆえんです。

③ターゲットリストにおける「具体性」

次に「具体性」とは、アタックすべきリード情報に対して、「情報量やキメ細かで詳細な情報がどれだけ取れているのか？」を測る尺度です。

例えば、具体性のないダメなリード情報だと「人事の責任者は○○さん」といった漠然としたターゲット情報を記載し、代表番号に連絡することになります。

一方で、具体性があるリード情報だとこうなります。

「働き方改革推進プロジェクトの担当者は××部××課の佐藤○○さん／直通番号は03-○○○○-○○○○／メールアドレスは××××@○○○○／企業の口コミサイト総合評価は3・5／待遇面4・0／社風3・9／採用活動あり／年間を通じて採用中／「働きたいオフィス2019年中小企業版」では第3位を獲得……etc」

どちらがアタックしたときに対話しやすいかは一目瞭然ですよね。

攻略対象の企業規模が大きくなればなるほど、「誰と接触するか」によって、その商談の進め方や成約の可能性が変わります。

大まかな部署、課、決裁権者（意思決定者や意思決定場面）や、さらにキーパーソン（意思決定者に進言できる人、社内導入を推進できる人）にあたりをつけて、ターゲット像を明確にしてアタックしないと、いつまでたってもまともな商談ができません。

その際、集めるべき具体的な情報にはリストソース（どこからその情報を仕入れたか）、企業名、連絡先（代表番号／直通番号／メールアドレス）、事業概要、営業品目、キーパーソン情報、カテゴリー情報（企業属性／地域属性／購買動機／関係性）、事業課題といったものがあります。

会社によっては部署や担当者ごとにニーズや課題が異なる場合も出てきますが、そのときは個別のリードごとに細かく情報を記すといいでしょう。

アウトバウンドの新規営業においては、一社（1リード）にアタックするのに、1本の電話、一通のメールや手紙で白黒がつくとは限りません。むしろ短期間でも何度か接触を試みますし、時期を変えてアタックするのも基本的な習慣です。

従って、営業活動の早い段階でリストに情報を付与していき、具体性を高めていくことが大切です。

最もまぬけな行為は、電話をかけるたびに相手先企業のウェブサイトをチェックすることです。

例えば、今日電話に出なかった企業に明日また電話をかけるときに、ここでもウェブサイトを見ているのだとしたら、その行為はムダです。

最初からターゲットリストに具体的な情報を記録できていれば、何度も細かく見る必要などありません。初回のアタックでウェブサイトを閲覧する際に、ついでに情報をリストに記録しておけばいいのです（ただし、時期をあけてアタックする場合には最新情報をホームページでチェックしてリストのメンテナンスを行う必要があります）。

④ターゲットリストにおける「絶対数」

最後の要素が「絶対数」です。目標を達成するために必要なリスト数があるかどうかという尺度です。「そんなの当たり前じゃないか?」というお言葉が出そうですが、意外とここに意識が向いてない営業パーソンは多いのです。そんな人が日々「リストが足りない……」と嘆いている姿を目にします。

ちなみにあなたは、「目標を達成するためには何件のリストが必要か?」と聞かれて、すぐに答えられますか? 答えられなければ、それはスクーバダイビングで酸素ボンベが何分持つのかわからないまま潜っているようなものです。

企業や商品、そして商品の特性(不特定先のターゲットに提供できる商品/ターゲットが限定されるニッチな商品)によって、計算に取り入れる変数は変わってきますが、計算式を知っていれば、営業計画が立てやすくなります。

そこで、必要なリスト数の目安を計算する方法をご紹介します。次ページの【図表8】のように算出します。

図表８　必要なリスト数の計算方法

①売上目標÷受注単価＝必要な受注件数

例：目標1億円÷単価1000万円＝10件

②必要な受注件数÷案件受注率＝必要な案件数（有効商談数）

例：10件÷受注率60％（0.6）＝17件（小数点以下は切り上げ）
＊案件受注率は60％の設定を推奨

③必要な案件数÷商談案件率＝必要な商談数

例：17件÷案件率30％（0.3）＝57件（小数点以下は切り上げ）
＊商談案件率は30％での設定を推奨

④必要な商談数÷アポ商談率＝必要なアポイント数

例：57件÷アポ商談率90％（0.9）＝64件（小数点以下は切り上げ）
＊アポ商談率は90％での設定を推奨

⑤必要なアポイント数÷コンタクトアポ率＝必要なコンタクト数

例：64件÷アポ率15％（0.15）＝427件（小数点以下は切り上げ）
＊コンタクトアポ率は15％での設定を推奨

⑥必要なコンタクト数÷コンタクト率＝必要なコール数

例：427件÷コンタクト率15％（0.15）＝2847件（小数点以下は切り上げ）
＊コンタクト率は15％での設定を推奨

⑦必要なコール数÷1社に対する平均架電数＝必要なリスト数

例：2847件÷架電数5件＝570リスト（小数点以下は切り上げ）
＊1社に対する平均架電数は5回が目安

この試算方法はあくまで、アウトバウンドの新規営業のなかでも、不特定多数のリストが用意できるターゲットに営業した場合の目安になります。

これが、エンタープライズ（大手企業）に限定した営業活動になれば、そもそもリストの数も限定されますし、コール数などの指標では追えないことが多いため、この限りではありません。

このように「勝利を掴むターゲットリスト」のメカニズムは、4つの要素によって構成されています。

いずれも重要ですが、とりわけ営業成果にインパクトを残すのが「精度」と「鮮度」です。ターゲットリストの精度と鮮度のバランスを見極めながら、営業活動の優先順位を見いだすようにしましょう。

ちなみに、マーケティングの世界では「ペルソナ設計」と呼ばれる、仮想のターゲット人物像を描く取り組みがあります。しかし、新規営業においてはペルソナ設計にこだわる必要はないと思います。仮想の人物を設計する時間があるなら、1社1社ごとのターゲットが誰なのか、検索したり調査したりして個人名を特定したほうが効果を望めるからです。

「顧客との繋がり方」の最新4スタイル

精度が高いターゲットリストができたら、いよいよ新規営業のスタートです。しかし、現在はB to Bマーケティングの進化・セールステックの発展によって、お客様との接点のあり方が変化しています。

一方で変わらない事実もあります。それは、「アポを取らないと商談は始まらない」ことであり、「よいアポを取らないと、いい商談には繋がらない」ことです。

新規営業に強い会社では「アポを取ったヤツが一番偉い」という言葉がありますが、これはインサイドセールス従事者への、単純な〝ねぎらい〟ということではなく、むしろ営業の核心に迫る格言だと思います。

では、そもそも新規顧客と接点をもつための方法はどのような種類があるのか。整理しましょう（本書で解説するのは利用者・購買者に直接営業する直販営業に限ります／代理店営業などは除く）。

現在、営業シーンで新規顧客との接点をもつには次の4つが主流になっています。

①アウトバウンド営業
②インバウンド営業
③ソーシャルセリング
④ABM（アカウント・ベースド・マーケティング）

では、それぞれ接点の構築手法を簡単に解説していきます。

①アウトバウンド営業

アウトバウンド営業は、まさに本書で解説している営業手法です。プッシュで新規顧客を開拓する攻めの営業スタイルです。買うつもりのないお客様を相手にするため、難易度が非常に高く、最も営業力が必要とされます。商品によってはインバウンド営業よりも5倍以上の労力やコスト、商談の決着までに時間がかかることもあります。

それでもアウトバウンド営業が必要な理由は、事業の戦略や成長計画に大きく影響するためです。例えば、新規事業や立ち上げ期。まずはモデルとなるシンボリックな受注や事例を集めなければ、マーケティングにお金を投資しても、商談で競合に負けてしまいます。

日本では「実績不足・事例不足」が導入意思決定の不安要素や買わない理由になってしまうため致命傷になるのです。

事業の立ち上げ期だけでなく、事業拡大を図るケースや業界でのシェアを伸ばしにいくときにもアウトバウンド営業が採用されます。マーケティング活動に反応してくれるお客様だけでは、一定サイズの事業拡大しか実現できないからです。

企業が商品を買うきっかけは、事業者のマーケティング活動に反応するばかりではありません。むしろ最も多いのは〝日ごろから付き合っている企業に相談・提案を受ける〟ということです。

こうした前提に立ったとき、「取引のシェアを拡大しよう」と考えたら、既存取引先から乗り換えてもらう営業活動が必要なのです。

② インバウンド営業

インバウンド営業は、企業のマーケティング活動を通して「反響を獲得する」営業スタイルです。広告、PR、ダイレクトマーケティング、コンテンツマーケティングなど様々なコミュニケーションを通して、興味を抱いたお客様と接点を築きます。

例えばデジタルマーケティングでは、2010年より前は、「検索」という買い手のアクションに適応するため、SEOやリスティングといった検索上位に表示させるウェブマーケティング施策が流行しました。

しかし、2010年代になると、ライバルよりも早くお客様と接点を築き、購買動機が発生したタイミングで有利に商談できることを目指し、「コンテンツマーケティング」の取り組みが盛んになりました。さらにテレワークが増えた今、出勤しないお客様のリード情報を獲得するために、企業はコンテンツマーケティングをより強化しています。

一方で、世の中にはあまりに多くのありきたりなジャンク情報が増えたことから、オリジナリティや専門性のないコンテンツは差別化が図れずに苦戦している状況にあります。

③ ソーシャルセリング

3つ目は、最近注目されている「ソーシャル（人と人の繋がり）を生かした営業スタイル」です。SNSやコミュニティ、人脈ネットワーク、関係性など、人間関係や繋がりをきっかけに商談機会の獲得を目指します。ソーシャルセリングは対象が「繋がり」ということであり、接触の仕方はアウトバウンドでプッシュ営業をすることもあれば、相手からインバウンドで相談されることもあります。

さて、こうしたいわゆる「人脈営業」ですが、これ自体は決して新しいものではありません。ただし、SNSやオンラインサロンといった現代ならではのコミュニティの属し方が、ソーシャルセリングのあり方を変化させています。

SNSの普及により、直接会ったことのない人とも簡単に繋がれますし、コミュニケーションの取り方がよりカジュアルになったのです。

ただし、人脈をお金に換えようとする下品ともとれる一方的なコミュニケーションは、営業成果を上げるどころか評判を悪くします。人脈を生かした営業においては、顧客ニーズや接触理由を明確化する意識を持ちましょう。キャンペーンのばら撒き営業や無作為にアタックするのは絶対にやめましょう。

④ ABM（アカウント・ベースド・マーケティング）

最後に解説するのは、ABMです。ABMとは簡単に言えば、「狙いを定めた企業に絞って関係を築き、その企業から取引額や発注数を最大化させるための営業活動」のことを指します。

アウトバウンドの新規営業は、比較的広いターゲットに根気よくアタックしていくため、ターゲット属性ごとの接触率やアポイント獲得率といった、商談を獲得するためのコストや効率を気にします。一方でＡＢＭはターゲットが限定されているため、接触率や行動量よりも、結果として商談の機会が築けているかどうかが重要視されます。

ＡＢＭは前提として、新規営業に限った取り組みではありません。すでに取引のある企業に対しても実施します。

また、お客様との接点の築き方や案件の作成法も多岐にわたります。アウトバウンド営業によって電話やキーパーソンに手紙を送るケースもありますし、人脈や繋がりをたぐり寄せてソーシャルセリングによって商談機会を獲得することもあります。

今回は顧客との接点の築き方として、４つに分けて解説しました。しかし、それぞれの接点構築スタイルは、時代とともに変化し、編み出される手法なども異なり、完全にタイプ（型）として綺麗に分類できるものではありません。

大切なことは顧客接点を築く手段・分類として、それぞれのスタイルをミックスしてあなたなりの商談機会を作る方法を考えることです。より「精度」と「鮮度」が高い商談の機会を築く方法はどれか、という視点で行動していってください。

「招かれざる客」にならないスマート・アウトバウンド営業

さて、いよいよターゲットリストにアウトバウンド営業を仕掛けるときです。

ところがどうでしょう。ただでさえ難易度が高いアウトバウンド営業なのに、テレワークの影響もあり、キーパーソンが常に会社に出勤しているとは限りません。最近ではアウトバウンド営業が難しくなるばかりです。

しかもアウトバウンド営業と聞くと、いわゆる押しのテレアポを連想して「泥くさい」や「根性がないと無理」など、いかにも前時代的なイメージを抱く人が多いです。

たしかに世の中の動きと営業スタイルが噛み合わなくなっているのは、私自身も感じます。しかし、だからこそアウトバウンド営業でもより知性を生かしてスマートにアポイントを獲得するノウハウがあっていいハズです。

そこであなたに伝えたい〝朗報〟が、「スマート・アウトバウンド営業」です。

皆さんにやって欲しいことは2つだけです。それは「先にお客様の役に立つこと」と「購買のタイミングをリサーチすること」です。

そもそも、アウトバウンド営業が苦しいのは、営業パーソンは「招かれざる客」であることがほとんどだからです。もっと強く言えば、新規営業はお客様にとって「迷惑である」ことが多いのです。

これはなにも新規営業に限ったことではありません。展示会で立ち寄った後にかかってくる携帯へのフォローコールも迷惑ですし、名刺交換をしたりホームページから資料をダウンロードすると、頼んでもいないのにメールが送られてきます。

「メルマガ配信を止めてほしい」と思っても、なぜか買い手側ばかりに解除の手間がかかります。メルマガ解除をするのは誰だって「面倒くさい」のです。

このようにアウトバウンドは、営業側からアクションをスタートするため、多少なりとも相手の時間を奪う迷惑行為になります。

こうした前提に立つと、「お客様が話も聞かずに電話を切ろうとする」「メールの文面を見ずに〝ゴミ箱〟に行く」のは、ある意味、営業が招いた当然の結果なわけです。

では、そうならない「スマートなアウトバウンド営業」とはどういうものでしょうか。

私たちが目指すスマート・アウトバウンドとは「無駄に嫌われない」「闇雲にアタックしない」「ゴリ押ししない」というものです。

この3つを実現するために重要なことが、お客様にとって「グッドタイミング！　ウェルカムです」という状況で営業をかけることです。

そう、アウトバウンドはタイミングが命です。では、どうやって「買うタイミング」を把握するのか？　そこで必要になるのが「先に役に立つこと」と「購買タイミングのリサーチ」なのです。

ここからは次ページの【図表9】を見ながら解説していきます。

まず、「アポイントの獲得」というゴールから逆算するように図を見てください。

図表 9 旧来のアウトバウンド営業と「スマート・アウトバウンド営業」の違い

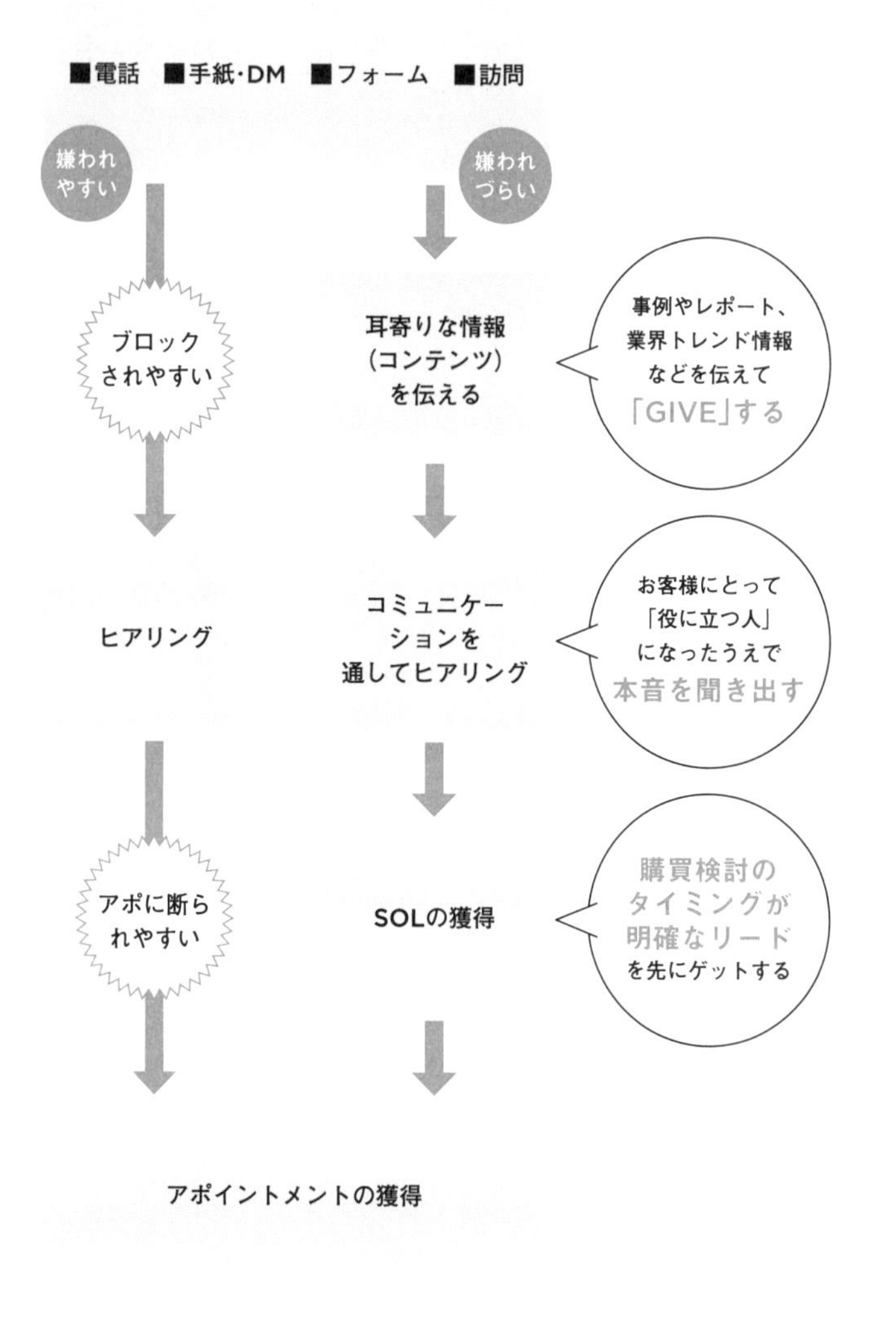

アポイント獲得の前には「ＳＯＬの獲得」があります。

グッドタイミングで営業するためには、お客様のグッドな時期・理由を知っておく必要があります。言い換えれば「購買検討のタイミングと購買理由」が明確になったリードです。先ほども伝えたように、セレブリックスではこれを「ＳＯＬ」と呼んでいます。

では、そのＳＯＬをどうやって獲得するか。ここで必要になるのが、お客様との本音で話すコミュニケーションです。

代表的なコミュニケーション方法が電話です。電話が難しい場合はメールやチャットでのコミュニケーションをオススメします。アンケートという方法もあるのですが、残念ながらアンケートは表面的かつタテマエでの回答が多く、それを鵜呑みにして営業を仕掛けると、購買タイミングが発生していないという〝バグ〟が起きやすいのです。

リアリティのある細かな情報をリサーチできれば、タイミング把握の正確性が高まり営業活動がスマートになります。よって、言葉の裏側にあるホンネを探ったり、真相を確かめることができる会話ベースのコミュニケーションに軍配が上がります。

しかし、ここでひとつ問題があります。ある日、知らない人から電話がかかってきて根掘り葉掘り聞かれたらどのような気持ちになりますか？　「なんで私に……」と、気持ち悪くなりませんか？　人は信じられる人に話を聞いてもらうのは好きですが、知らない人から質問されるのは嫌なのです。

そこで重要になるのが「先に役に立つこと」なのです。

図の「耳よりな情報（コンテンツ）を伝える」という部分をご覧ください。営業パーソンがお客様とコミュニケーションでリサーチできるようになるには、お客様の関心事や役に立つ情報を「営業側から先に提供」して、信じられる人になる必要があります。

つまり、旧来のアウトバウンド営業は「出会い頭に強引にアポを取りにいく」というスタイルでしたが、スマート・アウトバウンドは「プッシュでお客様に役立つ情報をプレゼントし、SOLを得る」というのが、狙いなのです。ここに新旧の違いがあります。

このような先に役に立って（情報やコンテンツを与えて）、顧客との関係を築いていくセールススタイルを「Giveモデル」と呼んでいます。あなたもぜひ、ガムシャラな営業で疲弊するのではなく、Giveモデルを活用してスマートなアウトバウンド営業を目指してください。

お客様にとって「役に立つ人」になるためのトーク術

先ほどはＧｉｖｅモデルについて、理解しやすいようにアポイントから遡るように解説しました。しかし、実際にあなたが営業をかける際の手順は逆になります。

①アクションする（電話をかける／メールを送る／フォームに書き込む／手紙を送る）
②コンタクトする（キーパーソンや意思決定者に取り次いでもらう）
③役立つ情報（コンテンツ）をＧｉｖｅする
④本音でのコミュニケーション（提供する商品の周辺情報をヒアリング）をとる
⑤ＳＯＬ（購買検討のタイミングと購買理由がわかったリード）を獲得する
⑥グッドタイミングで営業する

という順番になります。なので、ここからはこの手順に沿って、具体的にＧｉｖｅモデルの営業のかけ方やコンテンツの使い方を説明していきます。

先ほどのセキュリティメーカーを例にとりましょう。「入退管理システムが思うように売れない」というこの企業のサービスを売り込む場合、どんなＧｉｖｅ型の接点構築が図れるのでしょうか。電話での営業トークをシミュレーションしてみます。

トーク例

「私は株式会社〇〇の今井と申しまして、食品業界の安全と信用を守る調査や提案をしています。ただいま、食品関連事業者さまに『食品工場の安全に関する、各企業の取組みと国の助成金』をまとめたレポートをお送りさせていただいています（＊Give）。ぜひ〇〇様にもお届けできればと思いますが、お受け取りいただけますか？」

←

「ありがとうございます。本レポートはデータでの送付となりますので、〇〇様のお名前フルネーム、メールアドレス、部署とお役職を頂戴できますか？（*リサーチ）」

ここでいったん終話するのもひとつの方法ですが、この機会を活かさない手はありません。資料を送った後に接触しようとしてもスムーズに繋がるかはわかりませんので、このタイミングでさらにヒアリングを続行します。

トーク例

「お渡しする資料の内容をお客様向けにカスタマイズしたいので、ただいま1分ほど○○様にご質問したいのですが、よろしいでしょうか？　ありがとうございます」

意外かもしれませんが、資料をお渡しすることを約束いただけたお客様なら、そのままヒアリングに移行してもかなりの確率で成功します。私の実感値としては、電話であれば7～8割はそのままヒアリングに進めます。

なぜなら、先に役に立つ情報を伝える（*Give）ことで、営業側からのお願いをお客様が断ることに抵抗が生じたのです。これは「返報性の法則」（相手から受けた好意に対し、「お返しをしたい」と感じる心理状態のこと）と呼ばれます。

ヒアリングにＯＫを頂いたら、より「受注の可能性」を探る質問をしていきます。例えば次のような質問です。

トーク例

①「現在、食品業界で異物混入や食の安全性が話題になっていますが、御社ではこのテーマに関心はございますか？」

②「特にどのような点が気になりますか？」

③「現在、食の安全という観点で御社が取り組んでいる対策には（ざっくりで構いませんので）どのようなものがありますか？」

④「現在の対策に満足していますか？　または強化していこうという考えはございますか？」

⑤「食の安全対策について、リアルタイムで何か情報収集などは行っていますか？」

⑥（情報収集をしているなら）⬇「私たちとのディスカッションや提案を聞いていただけますか？」

⑦（情報収取をしていないなら）⬇「今後どのような時期や機会に、検討や情報集めを始めますか？」

このように、あらかじめ設計したヒアリングをできるだけ電話を切る前に聞き出します。すべて重要な質問ですが、受注の成否を分ける「キラークエスチョン」が④⑤⑥⑦です。これらの情報を聞き出せば、購買タイミングが発生する時期と購買理由がわかるからです。つまり、ＳＯＬ獲得に繋がります。

Ｇｉｖｅモデルの営業活動では、アポ獲得に目標をおくのはもちろんですが、中間重要指標としてはＳＯＬの獲得数（把握数）も設定することをオススメしています。

ＳＯＬが明確になっている企業は、いわゆる「旬な食べごろ」の料理と一緒です。ＳＯＬが獲得できれば、リストの一件一件に対する個別の営業戦略が、より細かく、よりリアルにアレンジできるはずです。

加えて、このＧｉｖｅモデルの利点はヒアリングを進めるなかで「今、商談する理由」を発見できるケースがあることです。そうなれば、すかさず商談へとフェーズを進めます。

つまり、中長期的なアタック方法でありながら、お客様とコミュニケーションが取れたことで、短期的な成果も生まれるのです。これまで門前払いだったお客様からアポイントを獲得できる「いいとこ取り」の営業活動とも言えるでしょう。

これからアウトバウンド営業を仕掛ける営業パーソンは、お客様に闇雲なアタックをする「邪魔者」になるのではなく、いい情報をＧｉｖｅしてくれる「必要な人」を目指していきましょう。

「受付ブロック」を攻略するトークケース

アウトバウンドの営業活動は、大前提としてキーパーソンに確認すらされずに失敗していることがほとんどです。最もわかりやすい例は「受付ブロック」です。訪問や営業電話をかけた際に受付の方に「○○は不在にしています」と言われたら、半分くらいはウソや拒否であると受け止めていただいて結構です。

一方で、電話を受けた方が「思わず繋いでしまう」「繋ぎたくなってしまう」というケースもあります。

例えば、電話口で具体的な役職名や社員の名前を出したときです。私だったら、検索エンジンやビジネスSNSを使い「企業名×役職」などと検索して名指しで営業します。仮にその人がキーパーソンではなくても、「○○をお決めになるのは佐藤様ではありませんか？」と受付の方に話すと、「その件は××事業部の管轄です」などと教えていただけることがあるからです。

とはいえ、いざキーパーソンを名指ししたとしても、すべてのケースでうまくいくことはありません。むしろ、すぐに取り次いでもらえた人はラッキーです。

大抵、受付の方から尋ねられるのは次のような質問です。

「どのようなご用件でしょうか？」

ですよね……それはそうです。

受付の役割のひとつは「不要な電話は繋がない」ことです。だから、「どのようなご用件でしょうか？」という問いに対して、「この電話はそちらにとっても必要な電話なのだ」

と、理解していただくことが重要なのです。

そこで、具体的に受付の方が思わず繋ぎたくなる（「繋いだほうがいいな」と思う）、トーク例をご紹介します。

① 新規営業だと思わせない

トーク例

「4月に○○様とセキュリティの件でお話ししました。そのときは時期を4月以降で……となりましたので、改めました」

「数日前に○○様に食の安全対策に関する、レポートや資料を送らせていただいています。その件でお話しができれば……」

「以前、○○様にご参加いただいたセミナーの件でお話しできればと思いました」

ポイントは、キーパーソンとの接点になる情報を伝えることで、あなたが「意味のある人物」だと知ってもらうことです。

受付の方は新規営業というワードを無条件にブロックしているため、「以前にメールを送っている」「電話で話したことがある」「資料を送っている」などといった、接点の情報を〝チラ見せ〟することで、ブロックしなくていい相手だと思ってもらえます。

② 権威性を持たせる

トーク例

「業界大手の○○社や××社でもご利用いただいている、採用管理システムの件で連絡を差し上げました」

「ベンチャーやスタートアップ界隈では40％でのご利用をいただいている、社員の適正管理ツールのご紹介をしております」

「私はセレブリックスで新規事業の責任者をしていますが、○○様と事業の意見交換をさせていただければと思いまして……」

このように、すでに有名な企業で実績を上げていたり、一定の役職者からの連絡だったりすると、受付の方は拒否しにくくなりがちです。

もし、あなたの会社や商品に強い権威やブランドがない場合は、業界全体で関心が高いことや権威のある会社が取り組んでいることを紹介できるといいでしょう（もちろん守秘義務の範囲で公開できる情報を選んでください）。

③プレミアム感（特別感）を演出する

トーク例

「弊社の新商品の限定モニターにご招待したいと思い、ご連絡しました」

「〇日まで無料でテスト利用いただける、経営者マッチングサービスのご紹介です」

「御社でご利用いただけるIT導入に関する助成金の概要と取得期限のご案内です」

多くを説明できない受付でのコミュニケーションでは、短いニュアンスで特別感やプレミアム感を伝えるのも有効です。

ただ、こうした説明の際に、商品の機能や特長を伝えると「いるか／いらないか」を受付の方に判断されてしまうので、特別なプレゼントや期間限定といった内容を伝えたほうがいいです。そうすることで、「勝手に判断しないほうがいいかな？」という心理が働く期待感が出てきます。

④受付からの反論を切り返すトーク例

続いて、用件を伝えた際に、受付から反論された場合はどのように切り抜けるべきでしょうか？　相手の拒否反応を真っ向から否定しても対立するだけ。相手の意見を否定せずに受け止めて、〝ボールをお返しする〟といった意識が必要です。

まずは受付の方に「営業はお断りするように言われています」「今は困っていません」「必要ありません」と言われてしまったときのトークケースです。

トーク例

「そうですよね。ただ実は、御社の投資は国の助成金を活用していただくことができまして、こうした情報については○○様もご興味を持っていただけると思うのです」

「もちろん理解しておりますが、ここだけの話、御社と同じ業界の企業様からの問い合わせも増えています。○○様の関心が高い内容だと思いますので『××の件に興味があるか』だけ、聞いていただけますか？」

こうしたケースでは、世の中の動きや競合の動向、お客様の取り組みを踏まえたうえで、「なぜ今、連絡したのか」というメッセージを届けられるかが肝です。

ターゲット企業のリリース情報や広報活動などをチェックして、「御社がリリースを出されていた○○の件ですが……」といった文脈を生み出すことができれば、受付の人には取り次ぎ確認をする理由が生まれます。

次に、「もうすでに別の商品を利用していますので……」と、拒否されたときです。

トーク例

「もちろんお付き合いしている会社から、今すぐ乗り換えてくれというお話ではありません。ご一緒に提案する可能性や、運用の見直しも含めて情報提供させてください」

「そうですよね。であれば、例えばサービス更新の際に比較検討できるように、情報提供だけさせてください」

このケースでは、既存の取引先から無理やり引き剥がそうとすると、かえって拒否感が強くなります。アタックの方向性としては、「新規営業でも話を聞いたほうがいい」と、合理的な意味づけをすることが重要です。

さて、受付でのトークパターンを紹介しましたが、重要なのは、受付の人が社内の責任者に対して「確認する理由がある」ことです。そのためには、「自分で勝手に判断しないほうがよさそうだ」と感じる意味づけができるかどうかが成功の分かれ目になります。

この考え方は電話だけでなくメールフォームでの問い合わせなどでも応用可能です。代表窓口の担当者が「これは重要な情報である可能性が高いので、自分だけで判断しないほうがいい」と思ってくれれば、より上位の責任者の目に触れる機会が訪れます。大切なのは、自分の連絡に何かしら〝意味づけ〟をすることです。

アポを引き寄せる「450文字」「0・5秒の余白」「耳寄り情報」

受付を攻略し、いざキーパーソンに取り次いでもらえたとします。ここからキーパーソンに「会いたい」「アポを約束しよう」と思ってもらえるようなトークを展開するために、意識してほしいことがあります。次の3つの項目です

①話すペースは「1分間に450文字」を意識する
②インパクトアプローチで「0・5秒の余白」をつくる
③「耳寄り情報」を届けて対話のテーブルに着く

ひとつずつ簡単に説明していきましょう。

①話すペースは「1分間に450文字」を意識する

一般的に、人が会話のなかで聞き取りやすいペースは「1分間に300文字」だと言わ

れます。いわゆる報道系アナウンサーが話すスピードが、このペースです。

しかし、新規営業においては、お客様は内容を聞き入れる姿勢ではありません。電話を切ろうとしている相手に1分間で300文字は遅すぎるのです。

セレブリックスのプロジェクトでは実際に、「300文字数パターン」と「450文字数パターン」で比べてみました。すると、後者のほうがアポイント確率は高かったのです。ただし、電話のように画面や実物を見せられないと、相手が想像しにくかったり、内容のイメージを掴めなかったりします。

そこで重要なのが、短い文章にすることと、大事な単語を強調してしっかり話すことです。つまり、サラっとテンポよく流す文章と、相手に具体的にイメージされる重要単語の話すペースを変えて、意図的に〝緩急〟をつけるのです。

② インパクトアプローチで「0・5秒の余白」をつくる

インパクトアプローチとは、お客様との接点ができた刹那、いきなり心に響くパワフルなメッセージを伝える会話の技法です。

余計な前置きやムダな説明を省き、「お客様にとってのメリット」と「なぜ今、伝えたいのか」というメッセージを「結論」から「端的」に伝えます。そうすることで、主張が、よりダイナミックに相手に伝わりやすくなります。

例えば、以下のようにトーク内容を変えましょう。

トーク例

×「本日は、ウェブサイトを拝見してお電話をさせていただきました。弊社はオフィスのあり方や活用を見直し、働き方改革を実現するための、ファシリティマネジメントを提案している会社でございます。御社は口コミサイトなどでも待遇面や社風のスコアが非常に高く、働き方改革などに真剣に取り組んでいる会社なのではないかとお見受けしました」

↓

○「本日は、社員の口コミサイトで、待遇面が高評価の企業様だけに限定してご連絡しています。御社であれば〝働きがいのある会社〟としてコンテストに入賞したり、社員満足度を高めて離職率を下げることも実現可能だと考えています」

インパクトアプローチを心がける最大の効果は、「ガチャ切り」を防ぐことです。お客様が電話を切ろうとする前に、「本当に切っていいのかな?」という〝0・5秒の余白〟を生み出すことが狙いなのです。

会話の余白が生まれれば、その後は対話に繋がります。

③「耳より情報」を届けて対話のテーブルに着く

「0・5秒の余白」が生まれたら、すかさず対話に繋げていきます。その際に「私と会って提案をさせろ」という、強引なご都合主義のコミュニケーションは嫌われます。大切なことは、「お客様に役に立つ必要な情報を届ける」というスタンスです。

度々登場しているセキュリティシステムの事例の場合、私は「このアポイントだけは、どうしても取りたい」というときには、営業をかける前に現地チェックをしていました。

実際に食品工場の周辺を見て、「リスクがある場所はどこか」「セキュリティを強化すべき点はどのようなところか」とチェックして、簡単なレポートを作成したのです。そして、いざ営業をかけるときは、そのレポートを手元に用意して電話しました。

トーク例

「私は○○の今井と申しまして、食品業界の安全と信用を守るご提案や調査をしています。

実は最近、御社の工場を見学する機会があったのですが、改めて御社の安全対策への姿勢に感銘を受けました。その際に、さらに強化できるといいなと思ったポイントをまとめています。ぜひ意見交換できればと思うのですが、打ち合わせのお時間をいただけますか？」


このようなトークを展開したのです。論理や理屈ばかりで人は動きません、難攻不落とも思えるお客様の気持ちを動かすのは「ここまで調べてくれたのか……」という想いだったりします。もちろんこの現地視察はのちの「商談」でも生きてきます。

ただし、あくまでこのケースでは、私の行動がお客様の関心事とマッチしたからアポに繋がったのです。伝え方を間違えると「勝手なことをするな」と言われるリスクもあるので、丁寧に伝えることをオススメします。

ソーシャルセリングでの新規顧客との繋がり方

新規営業と聞くと、いまだに電話でやるものという発想を持たれます。もちろん手段のひとつとして有効ですが、今やターゲット企業とのつながり方は多岐に渡ります。

特にお客様にダイレクトにコミュニケーションが取れるという点で注目されているのが、SNSを活用したソーシャルセリングです。今は様々なSNSで会社員が実名投稿するケースが増えました。こうしたプラットフォームを活用して繋がり、相手に役立つ情報を発信し、アポイントを得るというのもアウトバウンド営業のひとつです。

例えば、普段から自分が専門的な情報を発信していて、「この人は有益な情報をくれる人だ」という認識を持たれていれば、いざというときに「提案させてほしい」と要望しても無下にはされないはずです。もちろん、この情報発信をきっかけにインバウンドに繋がるケースも珍しくありません。

ほかにもSNS内で検索を駆使し、ターゲットニーズに合致する情報を発信しているアカウントを見つけることができれば、その投稿をきっかけにグッドタイミング営業を展開できます（一緒に働く仲間を募集している投稿に対して人材紹介の営業をするなど）。

さらにSNSは、繋がりのルートが「見える化」します。接触したいターゲットがいたとすれば、共通の知人や繋がりの距離感を把握できます。「六次の隔たり」という言葉がありますが、知り合いを介せばどんな相手でも6ステップ以内で繋がれるというものです。

一方で、接近しやすいという特性とは裏腹に、買い手側はダイレクトメッセージで営業されることを嫌がります。2021年7月に、「新規営業されるとしたらどのような方法がいいか？」というSNSアンケートを実施したところ、全回答3692件のうち「DM」が約14％で最も低い結果になりました。繋がりやすいからといって闇雲に営業するのは控えたほうがいいのです。ソーシャルセリングでも「精度」と「鮮度」の観点は重要です。

加えて、むやみやたらとDMを送りつけたり乱暴なアタックをし続けると、すぐに悪い噂が立ちます。なかには実名でのSNSを禁止にしている企業もあるので注意が必要ですが、今後はますます注目される営業手法になるのは間違いないでしょう。

第3章

セールスプロセス

あなたの営業プロセスを7つに分解せよ

「成果のコントロール」とは、
すなわち「営業プロセスのコントロール」です。

お客様の「買わない理由」をゼロに近づけるためには、
営業活動を結果だけで管理するのではなく、
行程ごとに細かくコントロールする必要があります。

商談の行程ごとに生まれる「買わない理由」を抑止し、
一方で商品を買った未来の可能性を「見える化」して
お客様から「合意」や「共感」を得ていく――。
その積み重ねが、成果のコントロールに繋がるのです。

そこで、我々は営業プロセスを次の7つに細分化します。

「アカウントプラン」

「アプローチ」
「ファクトファインディング」
「オーダーコントロール」
「企画作成」
「プレゼンテーション」
「クロージング」

7つに仕分けしたプロセスは、
お客様の「合意」と「共感」で繋がっていきます。

一度「買わない」と決めたお客様の意思を覆すのは「否定」です。
否定をされて喜ぶお客様などいません
だからこそ、お客様が「買わない」と決める前に反論を抑止し
不安材料を解消していくのです。
そのためのプロセス分解の基本戦略をご紹介します。

最強の営業手法「コンサルティングセールス」とは？

営業のノウハウのなかでも卓越した「商談」の手法や技術を身につけたい方は多いでしょう。この商談において、頭ひとつ抜けた存在になるために習得すべきスタイルが「コンサルティングセールス」です。

コンサルティングセールスとは主導型の営業スタイルです。主導するとは「中心になって導くこと」ですから、営業パーソンは顧客の代弁者／提言者となり、あるべき姿へと導くことを目指します。

経営層の課題解決にダイレクトに繋がる提案をするのであれば、経営者になったつもりで提言しますし、マーケティングに関する商品を提案するのであれば、その企業のマーケターになったつもりで提言します。

お客様に代わって「理想の未来を指し示し、取り組むべきことを進言する」スタイルだと覚えましょう。

第1章でも述べたように、「買わないお客様」を「買いたいお客様」へと態度や行動を変えるためには、契約前のお客様に対し、課題を設定するコンサルティングスタイルの商談が求められます。医者が患者の状態を診察するように、企業の問題点を分析し、課題に対して解決策をアドバイスするのです。

しかし、絶対に勘違いしてはいけないことがあります。それは「お客様はあなたにコンサルティングされたいとは思っていない」ということです。一見矛盾しているようですが、要は「お客様にコンサルティングをしにきたと感じさせてはいけない」ということです。お客様が求めてもいないのに前のめりでコンサル色を過剰に出すと、「偉そうなヤツだ」と受け取られるだけです。

これは実際によくある話なのですが、営業パーソンがお客様に対して「御社の課題は何ですか？」などと聞いてくるケースがあります。これを聞いた買い手の心情は「知らんがな……」です。

この進め方は、課題解決型営業という言葉を誤って解釈した結果、起きてしまった悲劇です。インバウンド営業のように、お客様から相談されたり課題を認識したりしているならまだしも、アウトバウンドの新規営業でこの質問をしてしまうのは知性も品性も感じられません。部屋に土足で侵入しているようなものです。

営業パーソンが行うコンサルティングセールスとは、〝結果として〟課題解決に導くことです。課題を教えてくれと懇願するのはまったく別モノなのです。

「コンサルティングセールス」を7つに分解する

お客様を理想の姿に導く営業スタイルがコンサルティングセールスです。そして、セレブリックスでは、それを実行するプロセスを「コンサルティングセールスプロセス」と呼んでいます。

そもそもなぜ商談が失注するのかを紐解くと、答えはシンプルです。商談のどこかの行程で〝障壁や障害〟があるからです。つまり、行程ごとに出てくる「お客様の買わない理由」が受注を妨げています。

商談をひとつのイベントと捉えてしまうと、決着がつくまで軌道修正ができなくなってしまいます。受注という成果をコントロールするには、営業プロセスにおける小さな不安要素や反対意見——つまり「買わない理由」をひとつずつ取り除く、地道な作業の積み重ねが必要なのです。

そこで、セレブリックスではコンサルティングセールスを7つのプロセスに分解しています（次ページの【図表10】）。

商談や案件ごとにこのプロセスに沿って、「今はどの位置（フェーズ）にいるのか？」「どんな状態（ステータス）なのか？」を明確にしていきます。

それぞれの商談において、「買わない理由」を生じさせない進め方や、不安要素が発生した場合の対策を考えて、成果をコントロールしているのです。

図表 10 「コンサルティングセールスプロセス」の7つの行程

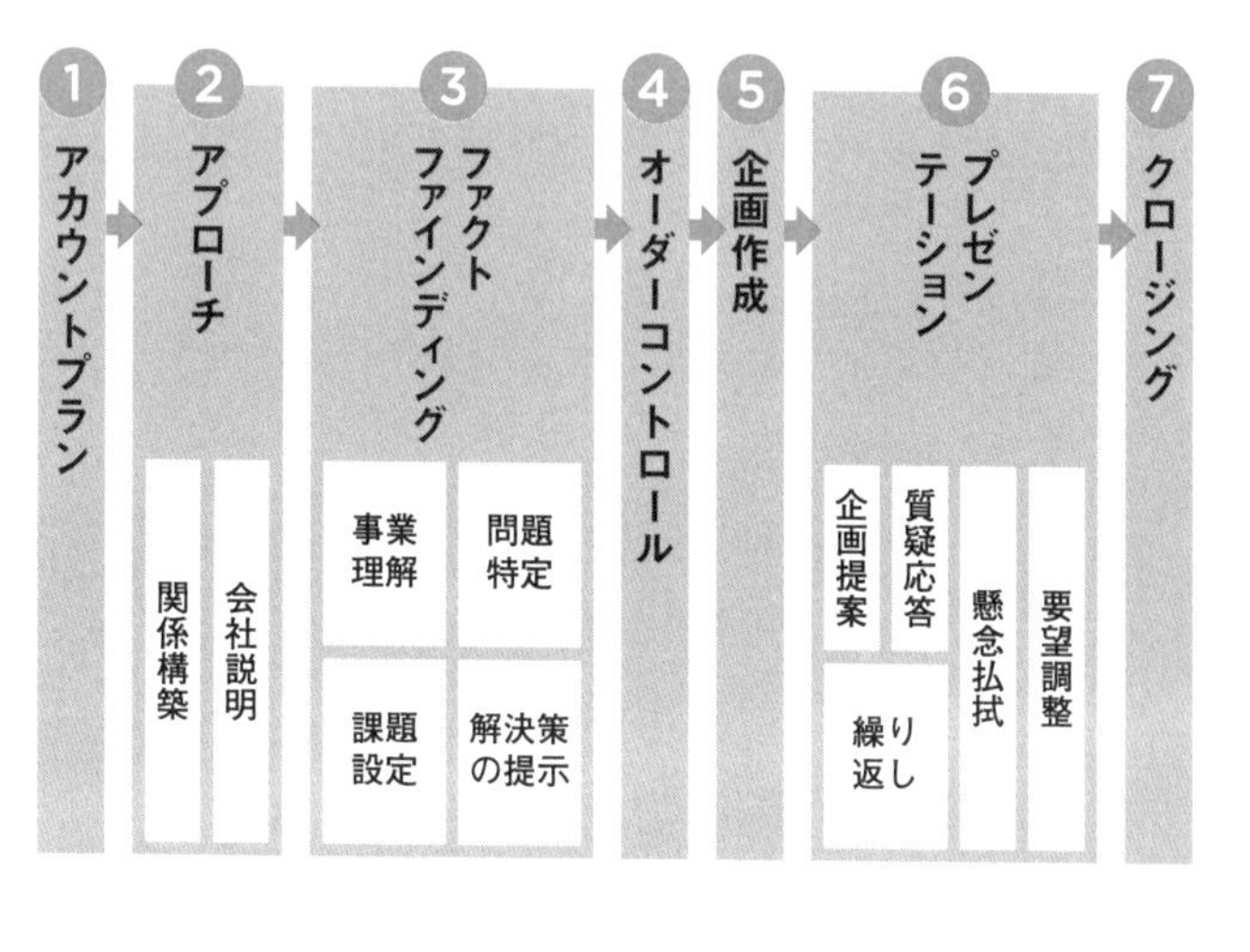

プロセスごとの細かいノウハウの解説は次章以降でしっかり行うので、ここではまず、大まかな商談の流れをとらえてください。

分解したプロセスにはそれぞれ「役割」を持たせています。次のようなものです。

①アカウントプラン（攻略計画の策定）

商談で最終的に受注するための計画を描きます。商談を有利に進めるための準備と考えてください。「どうしたらこの企業から受注できるか」という仮説を立て、全体の流れを組み立てます。

②アプローチ（信頼の獲得）

お客様との関係構築のプロセスです。お客

様から「あなたを信じて頼ってみたい」と言われるポジションの獲得を目指して、挨拶や目的の提示、会社やサービスのピッチ（短いプレゼンテーション）などを行い、信用や興味を抱いていただくのが狙いです。

③ ファクトファインディング（課題を設定する）

お客様に商品導入や課題解決の必要性を認識してもらうプロセスです。浅い調査結果の報告や表面的な質問だけでなく、課題の重要性や緊急性に気づいていただくような問いを投げかけて、理想と実態のギャップを明らかにしていきます。

④ オーダーコントロール（要件定義とネクスト設計）

「どんな提案だったら導入してもらえるか？」を明確にするプロセスです。そのために、設定した課題の確認や、提案の方向性がマッチしているかについて言質を得ます。提案書に盛り込む予算やスケジュール感なども、この段階で詰めます。加えて、お客様の評価のつけ方や、社内の意思決定者による検討プロセスも把握しておきます。

⑤企画作成（課題決定のデザイン）

お客様の課題解決を実現するストーリーを作成するプロセスです。オーダーコントロールで言質を得た内容をもとに提案書を作ります。逆に言えば、選ばれる可能性がなければ提案はしません。課題設定と要件定義を前提にした企画設計です。

⑥プレゼンテーション（最適な提案）

解決方法と具体的なプランを披露するプロセスです。プレゼンで重視されるのは「流れ」です。お客様は想像のなかで意思決定をしているからこそ、一貫性と辻褄の合ったストーリー（提案）を伝えて「課題解決の可能性を見える化」することが重要です。

⑦クロージング（意思決定の後押し）

最後は説得ではなく〝納得〟し、決断してもらうためのサポートを実施します。結論の回収や、条件交渉や調整に応じたり、社内稟議のサポートも行います。意思決定の一歩手前の最終フォローと捉えるといいでしょう。

反論対策は最後では遅い。「行程ごと」に抑止する

このコンサルティングセールスプロセスを遂行するうえで重要になるのが、次のプロセスに進むために、お客様の「合意と共感」を得ていくという考え方です。

最終的に目指しているものは、意思決定（クロージング）をする場面でお客様に「買わない理由」がない状態です。そこから逆算すると、7つに分けた営業プロセスで「違和感・不要感・不安感」が残ってはいけません。

例えば、あなたの失注案件で「費用対効果が合わなかった」という原因があったとします。この情報を鵜呑みにすると、「お客様の投資コストに対して商材の効果が見合わないからダメだった」と、受け取りがちです。

しかし、果たして本当にその考え方は正しいのでしょうか？　むしろこのケースの敗因は、そもそも「効果」を必要だと感じてもらえていないことが大半なのです。

つまり、提案内容や実現性が敗因ではなく、そもそも課題設定の合意形成――つまり必要性を握れていなかったことが問題です。

コンサルティングセールスプロセスでは、③のファクトファインディングの段階で、すでにこの問題の解決を図ります。次のようなイメージです。

トーク例

「御社が業界シェアナンバーワンを目指すには、競合にシェアを奪われる前に、営業人員を増やす必要がありますね。〇〇様の希望としては半年後までに20人増やす必要がある。しかしこのままの進め方では採用が間に合わない可能性が高いため、外部のアウトソーシングを活用することも必要である。……この認識でお間違いないでしょうか？」

このように、商談で解決しなければいけないこと（＝課題）を設定したうえで、お客様の合意を得ておきます。すると、その後のプロセスでも「買わない理由」に対策した商談を展開できるのです。

そうしてプロセスごとに次々と「合意」や「共感」を得ていき、どんどん次のフェーズの商談を進めていくのが、コンサルティングセールスプロセスです。

非常に細かい図なのですが、具体的に各プロセスで得るべき合意や共感はどのようなものがあるのか、詳細はこのページをめくった裏にある【図表11】をご覧ください。

パッと見ただけではわかりづらい細かさですが、実際の商談でもこれくらい細かく「合意」と「共感」を得ていくことを知ってほしかったのです。

例えば、②のアプローチのプロセスで、お客様から「この営業は信用がおけない人だな」と思われていたら、③のファクトファインディングで核心に迫る質問をしても、満足に答えてもらえない可能性があります。

そうならないために、②の段階で信頼を得て「この後は御社の理想の実現を一緒に考えたいので、質問やディスカッションをさせてください」と、合意を得ておきます。すると、その後のプロセスでも質問しやすくなり、両者が積極的に商談に参加し、問題解決に向き合うようになります。

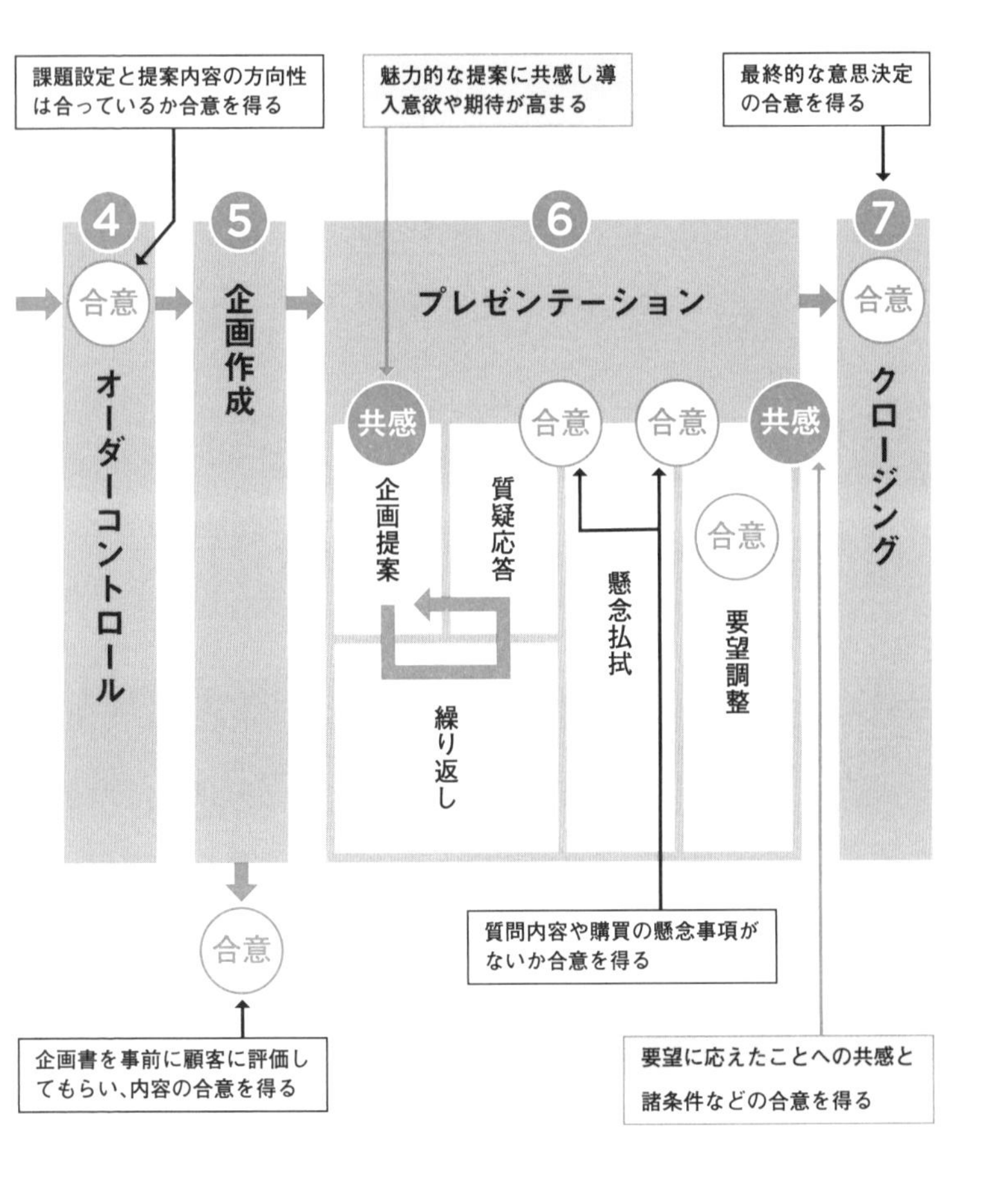
課題設定と提案内容の方向性
は合っているか合意を得る
魅力的な提案に共感し導
入意欲や期待が高まる
最終的な意思決定
の合意を得る
4
5
6
7
合意
企画作成
プレゼンテーション
合意
オーダーコントロール
共感
合意
合意
共感
クロージング
企画提案
質疑応答
合意
懸念払拭
要望調整
繰り返し
合意
質問内容や購買の懸念事項が
ないか合意を得る
企画書を事前に顧客に評価し
てもらい、内容の合意を得る
要望に応えたことへの共感と
諸条件などの合意を得る

図表 11 コンサルティングセールスプロセスでは行程ごとに「合意」や「共感」を得ていく

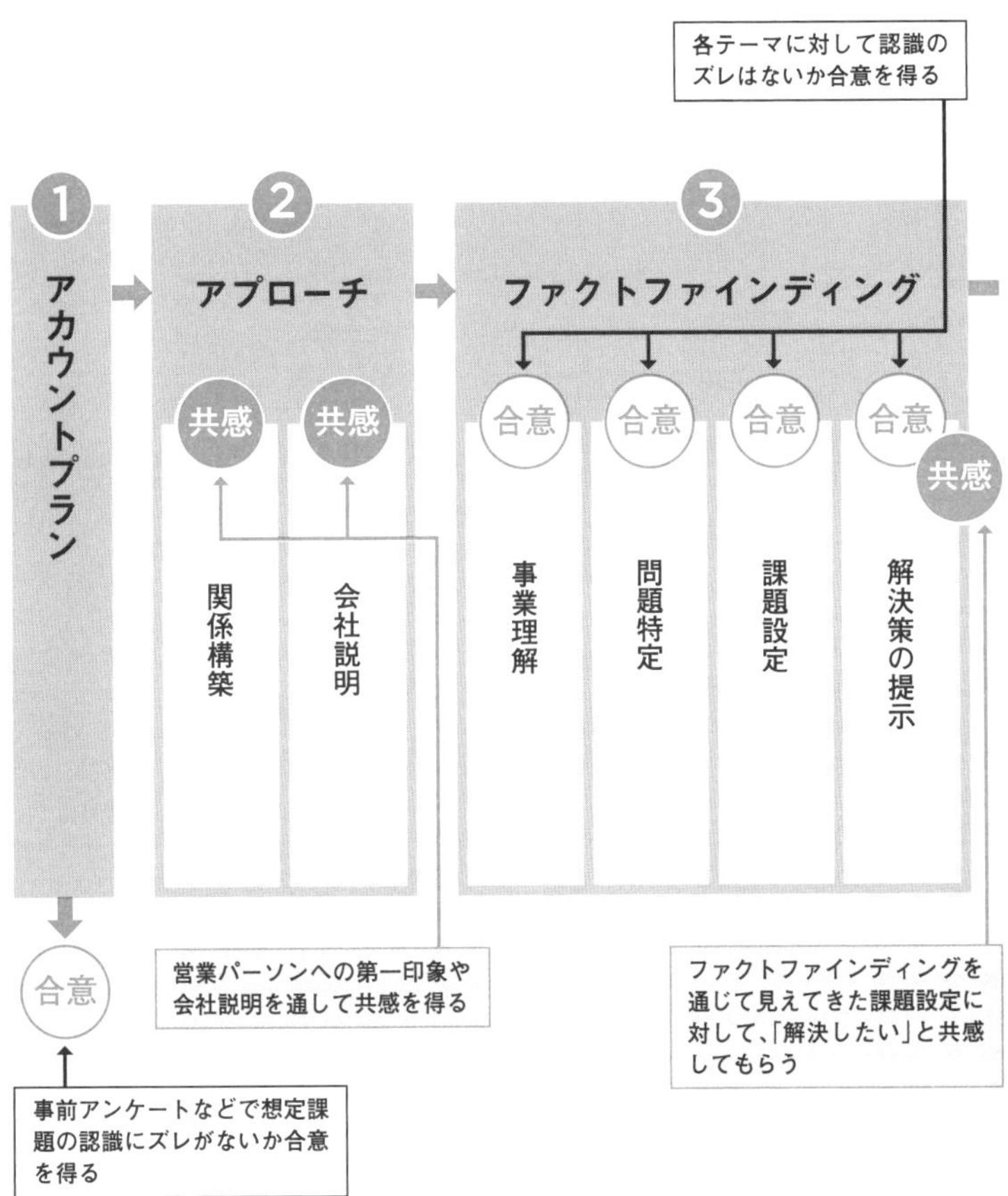

商談は「合意」と「共感」の連続で進む。各フェーズで「反論」や「買わない理由」が発生しないように、顧客の評価を確かめながら商談を進めていく

そして、各プロセスの終盤では「テストクロージング」を行い、常に共感や合意を得られているかを確かめていきます。これが「今、商談をコントロールできているかどうか」を測るモノサシの効果を発揮します。

では各プロセスにおいて、どのような合意と共感を得たらいいのでしょうか。この場合、基本的にはあなたが「商談で言われたくないこと」を想像してください。

例えば、お客様が比較検討をされた際に、「他社より高い」という言葉がネックになってしまうのであれば、営業プロセスにおいて「価格を高くしたことによって実現できる提供価値」を解説するなど、納得感のある情報を示す必要があります。

結果として「高いほうがむしろ安心だ」「ウチには高くても○○の機能があったほうがいい」という、合意形成や共感を得られれば、その後のプロセスがうまく進みます。

また、一般的には反論対策（オブジェクションハンドリング）や懸念払拭は、営業の最終プロセスであるクロージングでやるものだと言われています。

しかし、私はこの考え方には疑問です。恋愛で言えば相手に振られてから「これからは頑張る」と言うのと同じです。企業であれば、転職を決意して退職の連絡をしてきた部下を上司がとがめるようなものです。

どう考えても「時すでに遅し」だと思いませんか？　最終的に断られる要素を各フェーズで発生させないよう、常に先手を打つことが重要ですし、仮に障壁や不安要素が発生した場合には、ため込まずにそのつど解消を目指すべきです。

本書をお読みのあなたは、商談におけるボトルネックや不安材料をため込まず、細かくお客様の反応や気持ちを確かめながら、言質を得て商談を進めていってください。

あなたの商談が「刺さらない」本当の理由

営業している当人には酷な話ですが、まったく興味を抱いていないお客様に対し、営業パーソンが商品を必死にアピールしている姿はなかなか滑稽なものがあります。

私も買い手として商談に参加することはありますが、こうした営業パーソンによる必死の機能アピールや商品訴求は、情熱に反比例して相手は冷めていきます。正直に言って、対面営業では「真剣に聞いているフリ」をしていました。

しかも、テクノロジーの発達や商文化の変化によってオンライン商談が増えています。多くの購買者はオンライン商談では興味がないことには聞いているフリすらせずに「ながら環境」で別の作業を行いながら商談に参加しています。

こうした状態に対して営業パーソンは、「オンラインだと感情が読みにくいし、営業が難しくなった」という的外れな議論を持ちかけます。本当はお客様の感情が読みづらくなったのではなく、お客様が合わせなくなっただけなのです。

では、こうした温度差のギャップはなぜ生まれてしまうのでしょうか?

お客様は様々なビジネスの悩みを抱えていますが、それらは「認識しているもの／いないもの」に分かれます。悩みに無意識／無自覚なお客様の場合は、そもそも商品導入の必要性や緊急性を認識していません。

例えばあなたは、暇つぶしに立ち寄ったお店で洋服を眺めていたとします。買うつもりのないあなたに対して、積極的な接客や商品説明、素材の解説などをされてもウンザリですよね。しかしなぜか自分が売り手に回ったとたん、買う予定のないお客様に同じように商品や機能説明を積極的にしてしまうのです。

つまり、あなたの商談がこれまで刺さらなかった理由は、「お客様の興味のない分野で戦っている」からです。本来すべきは、お客様の側に問題や課題があることを「自覚させるステップ」をつくることなのです。

一方で、お客様がすでに商品導入の必要性を感じていれば、商品の強みや特長、そして活用方法を知りたいはずです。

セールスの「前行程と後行程」は驚くほど別物

このミスマッチを解消するために、セレブリックスではコンサルティングセールスプロセスを「前行程」と「後行程」という、2つの大きな括りで分けて考えます。

図表 12 コンサルティングセールスプロセスを2つに分ける

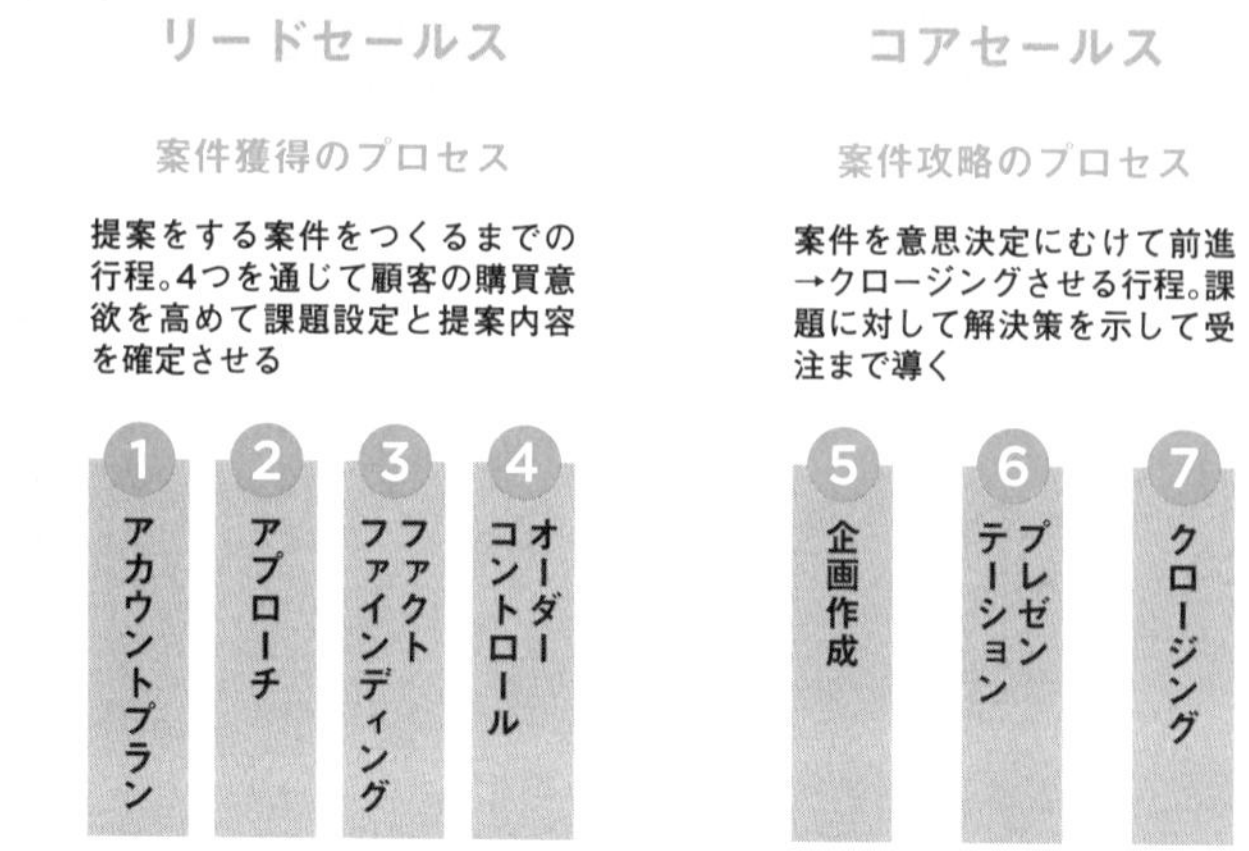

リードセールス				コアセールス		
案件獲得のプロセス				案件攻略のプロセス		
提案をする案件をつくるまでの行程。4つを通じて顧客の購買意欲を高めて課題設定と提案内容を確定させる				案件を意思決定にむけて前進→クロージングさせる行程。課題に対して解決策を示して受注まで導く		
1 アカウントプラン	2 アプローチ	3 ファクトファインディング	4 オーダーコントロール	5 企画作成	6 プレゼンテーション	7 クロージング

前行程はリードセールスと呼び、後行程をコアセールスと呼んでいます。

リードセールスとは、提案をする案件をつくるまでの「案件獲得プロセス」を指します。言い換えれば、提案の下地づくりや種まきです。購買意欲のないお客様を、購買意欲のあるお客様へと引き上げるプロセスです。

一方、コアセールスとは具体的な案件の決着をつけるための「案件攻略プロセス」を指します。お客様ごとに異なる課題に対して解決プランを示し、受注に導くプロセスです。意思決定に向けて商談を前進させるのが狙いです（【図表12】）。

重要なのは、前工程と後工程それぞれでの「お客様の感情の動き」です。

図表13 「お客様の関心事」と「営業の目標」が変わる

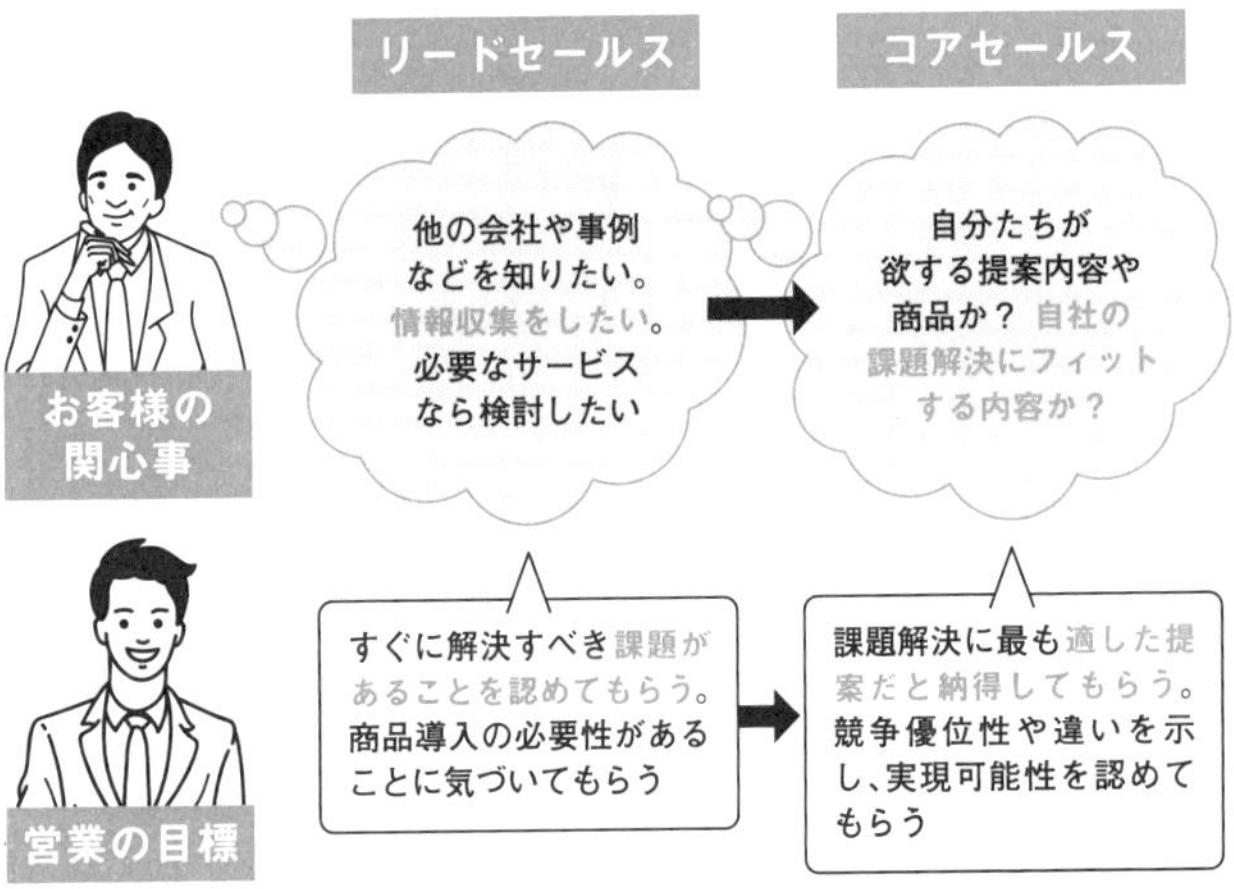

リードセールス

コアセールス

お客様の関心事

他の会社や事例などを知りたい。情報収集をしたい。必要なサービスなら検討したい

自分たちが欲する提案内容や商品か？ 自社の課題解決にフィットする内容か？

営業の目標

すぐに解決すべき課題があることを認めてもらう。商品導入の必要性があることに気づいてもらう

課題解決に最も適した提案だと納得してもらう。競争優位性や違いを示し、実現可能性を認めてもらう

商談がまだリードセールスプロセスの段階なら、お客様はまだ課題を認めておらず、購買意欲は高くない状態だと言えます。

つまり、リードセールスプロセスでは商品や解決策が優れていることを伝えず、まずは「あなたの理想を実現するためには緊急度と重要度の高い課題がある」という事実を認めてもらわなくてはいけません。

一方で、コアセールスプロセスではどうか。課題を認めて購買意欲が高まったお客様の関心事は、「この提案は自社の課題解決に本当にフィットするのか？」という疑問にシフトしていきます（【図表13】）。

ここで競合との違いや効果、そして課題解決の実現性を証明するのです。つまり、コア

セールスプロセスでは「この提案がお客様の課題解決に最も適している」ことを納得していただくのが目的です。

では、受注率を高めたいのなら、どちらのプロセスに注力すべきでしょうか。

ハッキリ言って、アウトバウンドの新規営業の場合、成果に大きく影響するのはリードセールスプロセスです。なぜなら、購買検討フェーズに入ったお客様（コアセールス）の意思決定には、商品力や実現性の証明など営業パーソンのスキルでは補えない選定基準が関係するからです。

言い換えれば、リードセールスの段階で自社の勝てる領域でお客様の課題を見つけることができれば、コアセールスでは営業スキルに頼ることなく受注できるわけです。いずれにしても、リードセールス／コアセールスにおいてお客様の関心事は異なるため、用いる技術やコミュニケーションの取り方も変わってきます。

次章以降では、具体的な営業プロセスごとのメソッドに触れていきたいと思います。

第4章

リードセールス

勝敗を分ける「見込み案件」の作り方

営業において、いつの時代でも揺るぎない事実があります。
それは、お客様は「必要なものであれば買う」ということです。

もし、あなたの商品が売れなかったとすれば
それはお客様が必要性を感じていないからです。
言い換えるなら、お客様に必要性を感じさせるような
「正しい課題」をあなたが設定できていないのです。

新規営業においては
受注と失注を分ける要因の7割は
正しい課題を設定できるかにかかってきます。
お客様がその課題を「解決したい」と宣言すれば、
その後はきっちりとニーズを満たす提案が可能です。

だからこそ、お客様に課題に気づいてもらう

商談の前半、「リードセールス（見込み案件の獲得）」こそ、営業パーソンの腕の見せどころになります。

この章では7つに分解した営業プロセスの前半にあたる

「アカウントプラン」
「アプローチ」
「ファクトファインディング」
「オーダーコントロール」

という、４つの行程を解説してきます。

そして、この4行程からなるリードセールスは、商談の準備や会社の紹介、ヒアリング項目の設計といった、勘やセンスに頼らずに効果を出せるノウハウでもあります。

本書の中でも最もボリュームを割いているこのブロックは、まさに営業の勝敗を分ける重要な要素です。

アカウントプラン——攻略計画を策定する

セレブリックスでは、新規営業の受注・失注を決める要因の7割はリードセールスプロセスにあると定義しています。ここで正しい課題を設定し、お客様がその課題を「解決したい」と宣言すればその後はきっちりとニーズを満たす提案ができるからです。

アカウントプランとは、そのための商談準備です。料理でいうところの「下ごしらえ」になるでしょう。いい準備と情報収集をすることで、商談で起こりうる「買わない理由」の発生を予防できます。優れた商談準備とは「何を調査し、どのような計画を立てるべきなのか」を、紐解いていきます。

(1) 商談前の準備は4つの手順で組み立てる

まず、アカウントプランの設計は左の【図表14】のように4段階に分けて準備を進めて

図表 14 「アカウントプラン」をつくる4つの手段

1	商談の流れにあたりをつける	自分のこれまでの商談体験から、どのような商談の流れを組むかを考える
2	情報収集をする	自分の経験則以外の情報を集める。ネットで調べられる情報だけでなく第三者からも聞き取り調査
3	仮説を構築する	ニーズが発生している要因や背景など本質的な理由(インサイト)のあたりをつける
4	商談内容の決定	顧客のインサイトを発見するための会社紹介や質問事項、補足資料などの準備を行う

いきます。

①商談の流れにあたりをつける
②情報収集をする
③仮説を構築する
④商談内容を決定する

という手順です。

言い換えれば、①頭の中で想像して→②実際に情報を調べ→③ニーズの仮説を立てて→④商談の進め方を決める……という流れをたどります。ひとつずつ解説をしていきます。

①商談の流れにあたりをつける

まずは、獲得できているアポイントに対して、どのような方向性で商談をしていくか、過去の顧客事例を踏まえて全体感を想像します。もちろん商談相手に合わせてアレンジするので、どんな調査をすればいい商談ができるか、アウトプット（商談の場で話す）を前提に、用意すべき情報を定めます。

②情報収集をする

実際に情報を集めていきます。代表的な調査対象でいえば、①企業情報（資本金・従業員・事業概要・売り上げなど）、②企業の周辺情報（業界動向・市場トレンド・シェア率・競合情報）、③商談相手の情報（経歴・役職・キャリア・得意分野）などがあります。

企業のホームページや、プレスリリース、SNSなどを調べるのが一般的ですが、さらに奥行きのある情報を仕入れるには、お客様と同じ業界で働いている知り合いにヒアリングしたり、展示会やイベントに参加するのも一つの手です。調査方法や調査対象は多岐に渡りますので、自分なりの情報収集パターンができるまでは、左の【図表15】を活用して調べてみるのもいいでしょう。

いずれにせよ、この段階でしっかりと商談のリサーチをしなければいけません。お客様のことを調べていないと、対話の際の何げないニュアンスや反応で相手にしっかり伝わっ

図表 15 商談前に「調べておく情報」と「調査リソース」

企業情報

- ✓ 資本金／従業員数／売上高／利益／株価
- ✓ 事業所数／組織体制／商圏／活動地域
- ✓ 社風／企業文化／沿革
- ✓ ミッション／ビジョン／バリュー
- ✓ 事業内容／ビジネスモデル
- ✓ サービス概要／商品概要
- ✓ ブランディングプロモーション／プレスリリース／広告／CM
- ✓ 露出メディア／採用情報／セミナー情報

周辺情報

- ✓ 業界／業種動向／市場トレンド
- ✓ ターゲット／ターゲット市場
- ✓ シェア率／ポジショニング
- ✓ 競合企業／商品／サービス概要

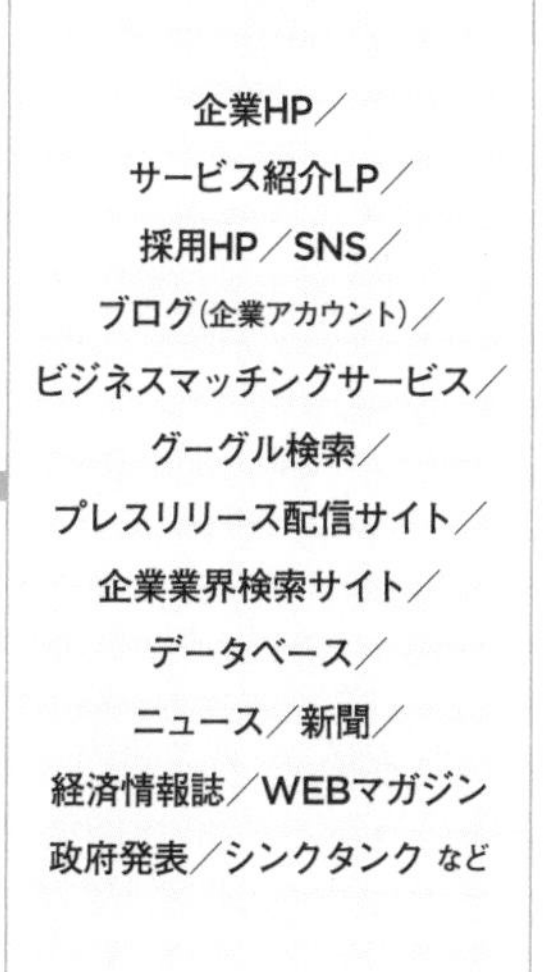

商談接触者の情報

- ✓ 経歴キャリア／役職／担当領域
- ✓ 得意分野／専門性
- ✓ パーソナリティ(人柄、思考傾向)

SNS／
ブログ(企業／個人アカウント)／
ビジネスマッチングサービス／
グーグル検索／
名刺管理システム／
ウェビナー／イベント情報／
オンラインサロン／交流会 など

てしまいます。商談相手のことを調べることは「もはや最低限のマナーである」と胸に刻んでください。

③仮説を構築する

仮説の構築とは、ターゲット企業の〝困りごと〟や、描いている〝理想像〟の予測を立てたうえで、想定ニーズを考えることです。

ただし、仮説はどこまでいっても仮説です。いざ商談が始まったら、当初立てた仮説通りに進むケースなんて、むしろ「イレギュラーな事態」です。私もいまだに仮説は外れます。だから仮説は〝外れることを前提〟に商談をしなければいけません。外れても特別焦ることはありませんし、そのつど代替案を用意すれば済む話なのです。

④商談内容を決定する

用意した仮説をもとに、商談の内容や流れを決定します。

例えば、お客様の想定ニーズに合わせた顧客事例を用意したり、会社説明やサービスピッチ（商品の簡単な紹介）の構成を組むなど、個別にアレンジを行います。

以上が、アカウントプランを設計する4つの手順です。あなたの次の商談準備をこの手順で進めてみてはいかがでしょうか。

最後に、「ターゲット企業の情報をどこまで調査すればいいのか？」という疑問にお答えします。

結論から言えば「お客様が驚くか」という視点がひとつの目安です。驚き方は様々ですが、「こんなに調べてくれたのですね！」という感動や、商談中に「まさにその通りです！」と、お客様がエキサイトする瞬間を生み出すことが狙いのひとつです。

ただし、普通に商談準備をするだけではお客様がエキサイトすることはありません。お客様が思わず興奮してしまうような、「深い洞察」が必要になります。次節では、その深い洞察を見つけるための「商談準備の奥義」をご紹介します。

(2)「3C＋2C×マクロ環境」分析で勝ち筋が見つかる

商談準備の際に、私が「奥義」としてオススメしているフレームワークがあります。それが「3C+2C×マクロ環境」というフレームです。これは私が実際に商談準備で用いているテクニックです。

3C分析を簡単に解説すると、「Customer」（顧客／ターゲット）、「Competitor」（競合）、「Company」（自社）のそれぞれの頭文字を取ったフレームワークです。経営レベル、事業レベル、案件レベルなど様々なシーンで「勝ち方」を特定するために用いられます。

対して、今回紹介する「3C+2C×マクロ環境フレーム」は、私が独自にカスタマイズした分析フレームであり、少し〝視点〟が違います。

まず、最初の「3C」は自分たち視点ではなく、「お客様視点での3C」です。そこに自社の情報を「+2C」として追加し、最後にマクロレベルでの動きや、追い風（機会）、向かい風（脅威）の観点を掛け合わせます。この分析によって、顧客のビジネスの勝たせ方を特定し、「勝つためになぜこの商品が必要なのか」を、意味づけするのです。

このフレーム分析をどのように活用するのか、ケースを踏まえてご紹介します。

まずは次ページの【図表16】を見てください。大まかな手順としては、

①②③……まずは「お客様」の3C分析を行う。

図表 16 「3C+2C×マクロ環境」のフレーム分析

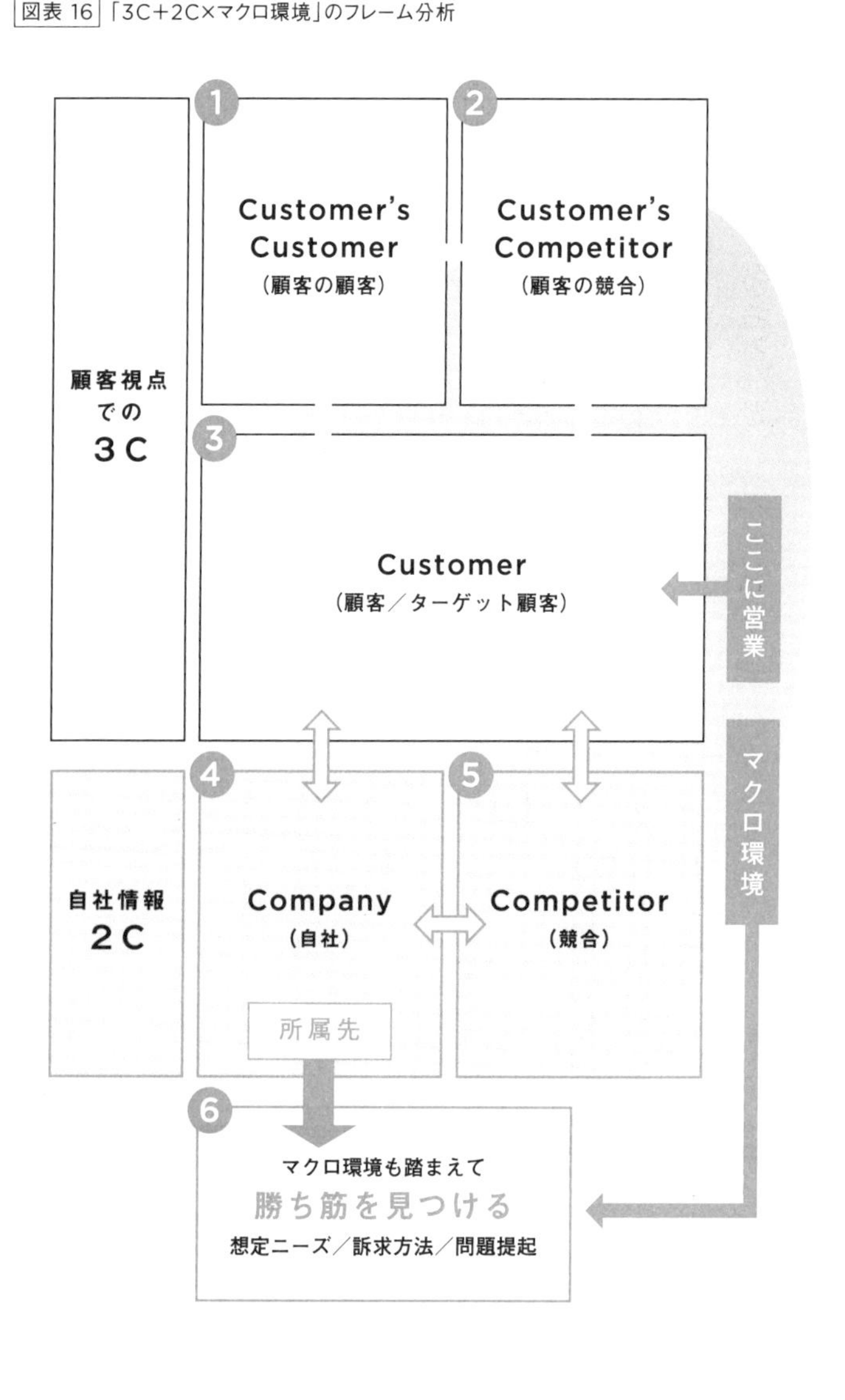

④⑤……次に「自社」を２Ｃ分析する。
⑥……最後に「マクロ環境フレーム」を加味して勝ち筋を見つける。

となります。

この流れを、セキュリティメーカーの営業代行ケースで考えてみましょう。例えば、商談相手が冷凍食品などを手掛ける加工食品メーカー（以下、加工食品メーカーA社）だとします。

①「お客様の顧客」のフレーム

最初に、加工食品メーカーA社の顧客状況を把握していきます。A社の顧客は、レストランなどの外食サービスやスーパーなどの小売業です。

そこで、フレームに顧客名だけでなく、今後考えられる取引の傾向も記載していきます。例えば、異物混入問題が騒がれているので、「今後は大手小売業や外食チェーンでは仕入れ先に規制をかけて、品質管理やリスクマネジメントを徹底している会社としか付き合わない可能性がある」といった情報です。

②「お客様の競合」のフレーム

次に、加工食品メーカーA社のライバル企業を挙げます。ライバル企業の主力商品や業績はもちろん、今回のテーマである食の安全や異物混入対策といった点でも調査をします。実際にライバル企業2、3社を調べたところ、食の安全に対する取り組みについては二極化しており、徹底強化している企業もあれば、ほぼ手つかずの企業もありました。そうした情報をフレームに書いていきます。

③「お客様」のフレーム

ここでは加工食品メーカーA社が①のターゲットニーズと②の競合の動きを踏まえて、「できていること／できていないこと」を把握し、想定ニーズを記していきます。

調査してみると、加工食品メーカーA社は商品開発にもお金をかけて次々にヒット商品を出し、商品ラインナップの豊富さでは競争優位を発揮していました。一方で、最大ライバルの加工食品会社に比べれば、顧客の顧客（①）が求める品質管理やリスクマネジメントの投資劣ることがわかりました。

そういった調査結果をフレームに入れていきます。

こうして①②③を埋めた結果、次のような「重要性」を持たせた仮説が立てられます。

「加工食品メーカーA社のターゲットである外食や小売業は消費者を相手にビジネスをしているため、ハイリスクの商品は扱いたくない。仕入れ条件の規制を強化されたら、取り扱ってもらえる商品が少なくなり、A社の売り上げが減るのでは？　もし、問題が発生すれば、商品回収コストも大きくなる。これらを考えると、今は商品開発コストよりもリスクマネジメントに投資するほうが〝重要〟なのではないか」

さらに、世の中全体の話題（マクロ環境）も加味して、「緊急性」を持たせていきます。

「世の中の流れから、いずれはリスクマネジメントへの投資を求められる状況になる。リスクを抱える期間は短ければ短いほどいい。早く対策に取り組むことは、加工食品メーカーA社の姿勢が評価され、ブランドイメージや売り上げアップに繋がる可能性もある」

ここまでがお客様視点の3C分析です。実際にフレームに入れてみましょう（【図表17】）。

図表 17　ケーススタディ「3C」を埋める

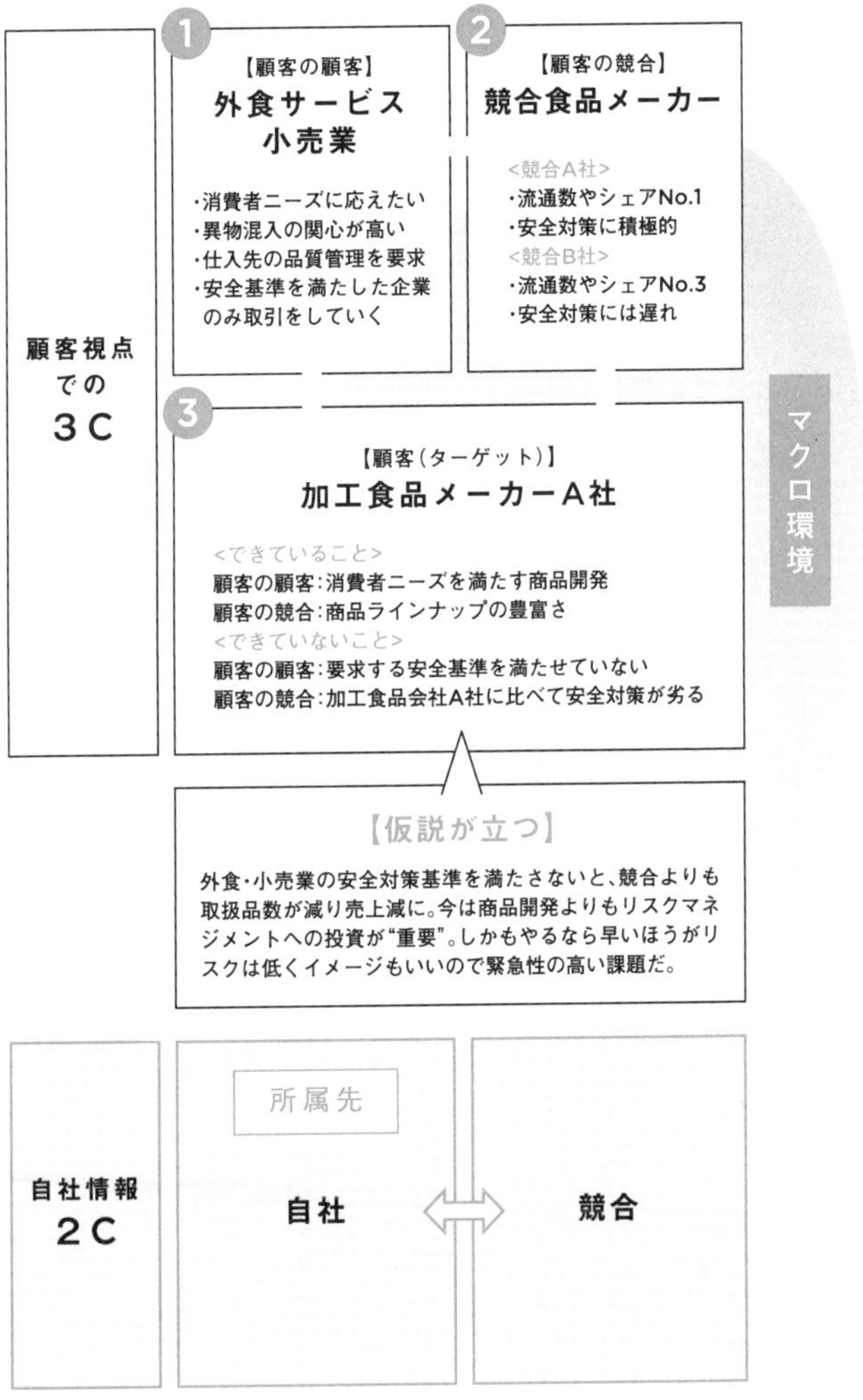

顧客視点での3C

1

【顧客の顧客】

外食サービス 小売業

- 消費者ニーズに応えたい
- 異物混入の関心が高い
- 仕入先の品質管理を要求
- 安全基準を満たした企業のみ取引をしていく

2

【顧客の競合】

競合食品メーカー

<競合A社>
- 流通数やシェアNo.1
- 安全対策に積極的

<競合B社>
- 流通数やシェアNo.3
- 安全対策には遅れ

3

【顧客（ターゲット）】

加工食品メーカーA社

<できていること>

顧客の顧客：消費者ニーズを満たす商品開発

顧客の競合：商品ラインナップの豊富さ

<できていないこと>

顧客の顧客：要求する安全基準を満たせていない

顧客の競合：加工食品会社A社に比べて安全対策が劣る

マクロ環境

【仮説が立つ】

外食・小売業の安全対策基準を満たさないと、競合よりも取扱品数が減り売上減に。今は商品開発よりもリスクマネジメントへの投資が"重要"。しかもやるなら早いほうがリスクは低くイメージもいいので緊急性の高い課題だ。

自社情報 2C

所属先

自社 ⇔ 競合

次は、「課題解決のためになぜ私たちの商品を活用するといいのか?」という、自社商品を絡めた2C分析を加えていきます。

そのうえで最終的には商談での「勝ち筋」を見つけていくのです。

④「自社」のフレーム

③の顧客ニーズを満たすうえで、自分たちのサービスが「提供できる価値/提供できない部分(今後補う必要がある)」を、まとめていきます。

私が営業したセキュリティメーカーの場合、食品メーカーに特化した安全対策の提案や調査を、同業他社に先んじて取り組んでいました。

一方で、セキュリティメーカーとしての導入実績がない点は、意思決定の際の大きな弊害として残っていました。したがって、導入事例がないという不安感を補う仕組みや提案方法が必要でした。

そこで、競合他社を巻き込んで共同提案をしたり、最初のお客様になっていただく企業には本導入の前に「実証実験導入」として特別プランを提供するなど、不安感を補う施策を用意して営業をかけたのです。

⑤「自社の競合」のフレーム

加工食品メーカーA社に提案をするうえで、競合になる会社や、またはA社にとっての代替え手段は何になるかを把握します。競合や代替案がそれぞれ強みとしている点や、逆に弱み（できないこと）を明確にするのです。

今回でいえば、競合の「強み」はセキュリティメーカーとしての導入実績や安心感といった点です。一方で、食品の安全対策やリスクマネジメントに特化した解決策や提案ができるわけではないので、それは「弱み」だと分析しました。

⑥「勝ち筋を見つける」フレーム

最後に、これまでの①～⑤を整理して、最終的に自分たちの商品が顧客ビジネスを成功させるうえで、どのように役に立てそうか仮説をまとめていきます。

加えて、この仮説を立証するために「どのような質問を用意するか？」「商談に使えるデータやレポートはないか？」「会話のきっかけになる顧客事例はないか？」といった、セールスコンテンツを用意します。

加工食品メーカーA社の例で言えば、①～⑤を踏まえてこのような勝ち筋が見えました。

「加工食品メーカーA社は、昨今の風潮から商品開発コストよりもリスクマネジメントに投資するほうが〝重要〟である。

さらに、いずれ対策を取るのであれば早いほうがいい。なぜなら、リスク期間が短くなるし、ブランドイメージや売り上げアップに繋がる可能性もあるから。

そしてこの想定ニーズに対して、自社のセキュリティシステムの提案を行おうとすると、実績のない点が不安視される。そのため、いきなり導入を提案するのではなく、実証実験を経て、問題がなければ本導入に進むという座組みをお伝えしよう。どのみち百パーセント安全なセキュリティシステムなんてないのだから、仮導入ができることはむしろ安心に繋がるはずだ。

もし、自分たちだけでニーズを満たすソリューションを提案できない場合は、ライバル会社ともパートナーとして組んで共同提案することも視野に入れておこう」

この最終的な内容を分析フレームの④⑤⑥に当てはめたのが、【図表18】になります。

このようなアカウントプラン（攻略計画の策定）を描けるのが、「3C＋2C×マクロ環境」の分析フレームです。

図表 18 ケーススタディ#2 「2C」を埋めて「勝ち筋」を見つける

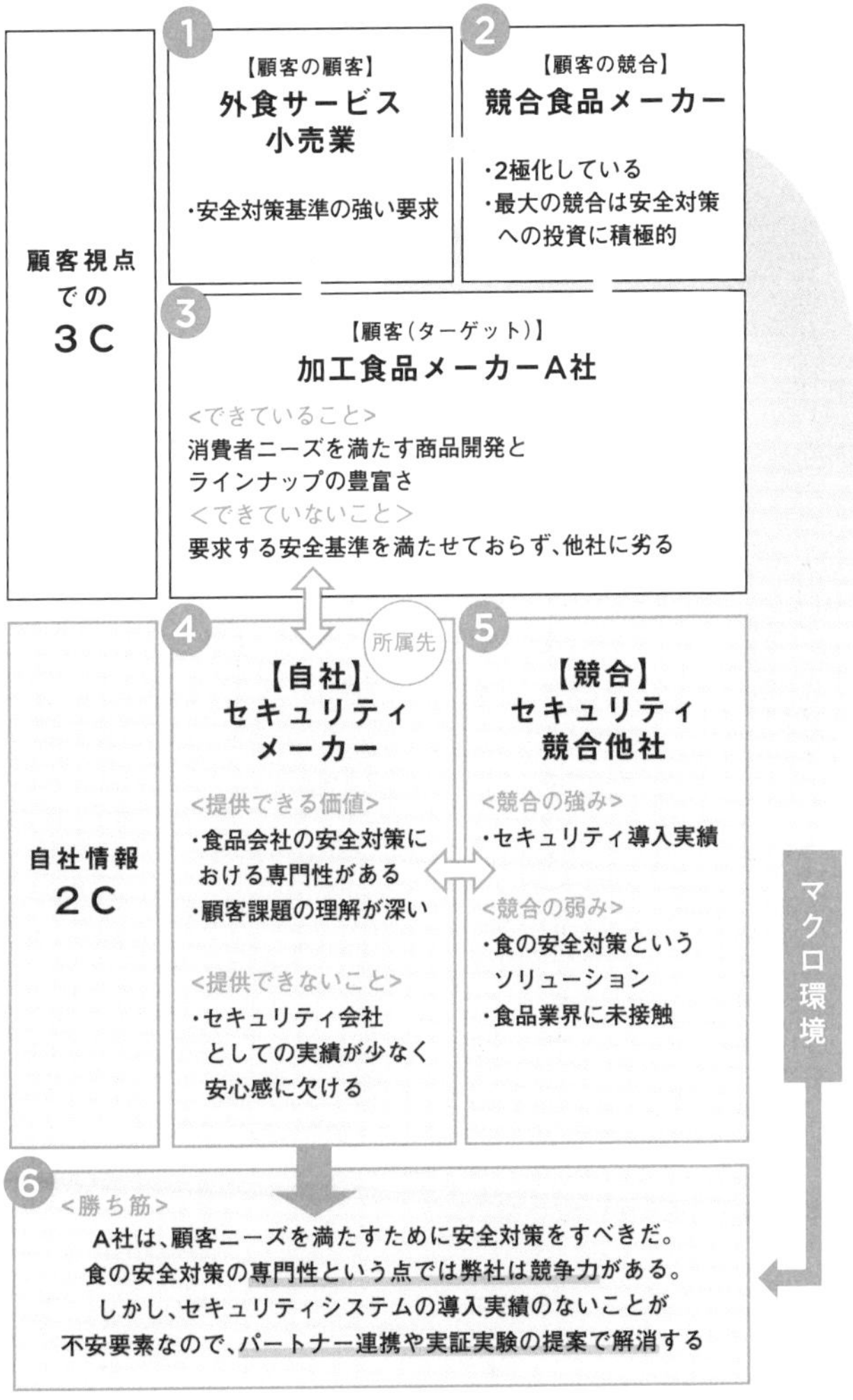

顧客視点での3C

1 【顧客の顧客】
外食サービス
小売業
・安全対策基準の強い要求

2 【顧客の競合】
競合食品メーカー
・2極化している
・最大の競合は安全対策への投資に積極的

3 【顧客(ターゲット)】
加工食品メーカーA社
<できていること>
消費者ニーズを満たす商品開発とラインナップの豊富さ
<できていないこと>
要求する安全基準を満たせておらず、他社に劣る

所属先

自社情報2C

4 【自社】
セキュリティメーカー
<提供できる価値>
・食品会社の安全対策における専門性がある
・顧客課題の理解が深い
<提供できないこと>
・セキュリティ会社としての実績が少なく安心感に欠ける

5 【競合】
セキュリティ競合他社
<競合の強み>
・セキュリティ導入実績
<競合の弱み>
・食の安全対策というソリューション
・食品業界に未接触

マクロ環境

6 <勝ち筋>
A社は、顧客ニーズを満たすために安全対策をすべきだ。
食の安全対策の専門性という点では弊社は競争力がある。
しかし、セキュリティシステムの導入実績のないことが
不安要素なので、パートナー連携や実証実験の提案で解消する

慣れるまで少し練習が必要かもしれませんが、あなたが次に営業するターゲットが同じ業界やカテゴリーであれば、マクロ環境や競合などの情報は二次利用できます。準備の効率も高まっていくはずなので、ぜひ挑戦してみてください。

(3) 他の営業と差をつける商談準備の「ひと工夫」

これまでのアカウントプランでも十分なのですが、さらに商談準備で「ひと工夫」するアイディアを紹介します。

ただし、商談準備に充てる時間は有限なので、すべての準備を整えるのは難しいと思います。効率性を加味し、取捨選択して必要なものを商談に取り入れてください。

① 3C+2C×マクロ環境フレームに未来軸を取り入れる

先ほど紹介した、「3C+2C×マクロ環境フレーム」に1年後、3年後といった未来軸——つまり、中長期的視点を取り入れてみます。

度々触れているように、お客様は「今、必要としていない」から導入していない可能性が高いのです。現状に対する仮説だけを用意しても、インサイトを捉えた質問や示唆はできません。そこで、仮説構築の段階から将来像を踏まえた理想の姿が描けると、行き詰まった商談を前進させるきっかけに繋がります。

例えば、「顧客のターゲットの関心は1年後どのように変化するのか？」「顧客のライバルは1年後にどのような競争優位を発揮するのか？」といった点をフレームに落として、仮説を立てましょう。

調査方法としてオススメしているのはＩＲ（投資家向け情報）です。上場企業が出すＩＲ情報には、現状の課題や将来の展望などが細かく記載されていて、まさしく有益な情報の宝庫です。

ただし、未上場企業だとＩＲはおろか業績の詳細や問題点すら公開していません。その際のアドバイスとしては、調べるＩＲ情報は商談相手でなくてもいいということです。商談相手と同じ業界の上場企業が出しているＩＲ情報であれば、業界全体の課題といった大局観を踏まえた仮説を構築できます。

実は、これをやっている営業パーソンは意外と少ないです。商談中に、「御社の競合

○○社の中期経営計画を見ましたが、ユーザーニーズが大きく変化し、デジタルシフト化に対応するのが3年間の最重要課題とありました。このユーザーニーズの変化は御社も同じように感じますか?」といった話を展開できれば、「この営業はいい情報を教えてくれるな」と、あなたはお客様にとって必要な人に変わります。

もし、この商談で受注できなかったとしても、お客様にとって「いざ困ったら最初に相談するポジション」になれるため、後々の商談で有利に働くのです。

② お客様の〝競合企業〟から提案してもらう

お客様と商談していて、「ライバル企業はどこですか?」「その企業と比べて、勝っている部分と負けている部分はどういう点ですか?」と質問すると、たいていのお客様から自社にとって都合のいい競争優位点が出てきます。

なかには「競合は特にいない」と答える場合もありますが、これらは実態と大きく異なっているケースがほとんどです。意外にも、お客様は競合の情報に疎いのです。

実際に私が「ここぞ」というタイミングでするのが、お客様のライバル企業に客として問い合わせてみて、提案を受けてみることです。競合からの営業を受けて「強み」や「弱み」「セールスポイント」を比較してみるのです。

すると、お客様が話していた内容とは一致しない部分が見えてきます。このライバル企業からの情報を得たうえで再びお客様と向き合い、このように話します。

「実は、興味があったので勉強も含めてライバル企業○○社に問い合わせを行い、営業を受けてみました。そうすると、彼らが強みだと話していたのは□□という点だったのです。これは御社が認識している情報とは、少し違うかもしれません」

そんな話を展開できると、お客様の商談に対する姿勢が前のめりになることを肌で感じることができるはずです。

③ 現地調査、現場視察を取り入れる

同じように、現地を下見して仮説ではなく事実を把握する手段も有効です。

例えば、外食サービス企業に営業する場合、営業パーソンは事前に商談先の外食店に食べに行くなど、事前調査をすることは多いと思います。外食以外でも土地情報や建物周辺の情報、お客様のオフィス、お客様企業の社員や雰囲気なども調査対象です。

〝生の情報〟に触れることで、事実をもとにした話題作りや訴求ができるし、場合によっ

ては商談を前進させる切り札になることがあります。

④ 商談前アンケートを活用する

オンライン商談やリモート商談が普及した今、活用のシーンが増えたのがお客様に対する「商談前アンケート」の実施です。セレブリックスでも新規営業をする際は行います。アンケート結果からお客様の関心事や現状が把握できれば、より的を絞った準備ができますし、深い仮説構築が可能です。

また、商談前アンケートの魅力はお客様自身が〝事実を準備できる〟という点です。対話だけの商談では、お客様の発言内容が必ずしも事実かどうかはわかりません。「たぶん……」とか、「恐らく……」といった感覚で答えられることも多々あります。

そこで、時間的余裕のある商談準備の段階でアンケートを行い、お客様側にも事実関係の整理をしてもらうのです。

この話をすると「お客様に準備させるのは失礼では?」という営業パーソンがいます。しかし、忙しいお客様に対して最も失礼なのは、「意味のない商談」をしてしまうことです。事前アンケートは双方にとって生産性を高める第一歩になります。

アプローチ——信頼を獲得する

ここからは、いよいよ商談の実践プロセスについての解説です。お客様と接触後のファーストステップは、商談の土台となる「アプローチ」です。

アプローチの行程で目指すのは、自社や商品、さらに営業パーソンに対して、お客様から信頼してもらうことです。「この会社のこの営業には、ウチの問題を相談してみたい」と思ってもらわなければいけません。

(1) 信頼関係を築くための「4つのステップ」

では、会ったことのないお客様に対して、どのようなファーストコンタクトを築けば信頼に繋がるのか。

細かなアプローチのテクニックを学ぶ前に、まずは全体感を捉えましょう。アプローチのプロセスで最終的に信頼獲得を目指すためには、次ページ【図表19】のような関係構築に向けた4つのステップをたどります。

図にもありますが、大きな流れとしては次のようになります。

①ステップ0……第一印象の準備（＊これは商談前にやっておく）
②ステップ1……壁を取り除く（挨拶／名刺交換、アイスブレイク）
③ステップ2……興味を持ってもらう（目的提示、商談アジェンダの確認）
④ステップ3……「信用」してもらう（会社紹介／サービス紹介）

この4ステップを通して、お客様から「商談に期待を持ってもらう土台」を築きます。

この土台があるかどうかは、次のセールスプロセスである「ファクトファインディング」（課題設定）の可否に大きく影響します。

図表 19 商談「アプローチ」の4ステップ

ステップ	内容	実施項目
ステップ0	受け入れやすい「第一印象」をつくる	
ステップ1	【壁を取り除く】 お客様が関心を持つ話題で対話を活発化し、心理的な壁を取り除く	挨拶や名刺交換 戦略的アイスブレイク
ステップ2	【興味を持ってもらう】 商談の目的を伝えたり、流れに合意してもらい主導権を握る。また、心の準備をしてもらう	目的提示 商談アジェンダの確認
ステップ3	【信用してもらう】 会社やサービスにまつわるストーリーや想いを披露して、顧客に「共感」してもらう	会社紹介／サービス紹介
	最終的には次の行程である「ファクトファインディング」へ進むことへの合意を得る	

「商談に期待を持って参加してもらう土台」を築く

課題設定をするには、顧客の本音や客観的事実に迫る必要があります。ゆえに、アプローチが済んだ段階でお客様には「相談したい」「頼りたい」と思っていただく必要がありますし、営業パーソンにとっても「このお客様は話しやすいし、聞きやすい」というお客様に変えておく必要があるのです。

ここからはステップごとにコツを解説していきますが、その前に、お客様が受け入れやすい「第一印象」を心がけておく必要があるのは言うまでもありません。

第1章の「第一印象をコントロールする」でも触れたように、「身だしなみは印象戦略である」という意識を持ったうえで、商談直前の10分間は必ず事前チェックの時間を設けてください。相手に与えたい印象から逆算して、違和感を取り除く時間に充てましょう。

(2) お客様との壁を取り除く「戦略的アイスブレイク」

いざお客様とお会いして挨拶や名刺交換を経た後は、アイスブレイク（緊張感をほぐすための軽い会話）をすることが多いでしょう。アイスブレイクは、顧客との心理的な壁を取り除き、プロセスを円滑に前進させるための手段です。

アイスブレイクといえば、関係の構築や距離感を縮めるための「雑談」と認識する方も多いのではないでしょうか。しかし、文字通り「雑談程度」の会話であれば、アプローチの冒頭に持ってくる必要はありません。むしろ、アイスブレイクは商談プロセスにおいてアレンジが必要な行為なので、「高いレベルで実施できない」のであれば、やるべきではないのです。

アポイントが獲得できている段階で、お客様にとっても「商談」のために参加いただいているわけです。特に新規営業の場合は無関係な雑談は「余計な時間である」ことを認識するべきでしょう。

ただし、アイスブレイクはうまく活用できれば、非常に有効です。確かな知識と技術に加えて「想い」が含まれたアイスブレイクは、まるでテレポートしたかのようにお客様の懐に入り込むプレミアム招待券のような効果を発揮します。

では、そんなアイスブレイクの実現方法をご紹介します。

ポイントは、

× 世間一般のニュース（天気や景気、時事テーマなど）
○ お客様が主役のニュース

と考えるといいでしょう。

大切な観点はお客様が「話したくなること」です。一般的な雑談や時事ネタはやめて、「お客様に興味を持つこと」から始めます。

コンサルティングセールスプロセスのひとつ前の「アカウントプラン」では、商談準備で多くの顧客情報に触れます。そのなかでわかったお客様の事業プランや想いについて、あなたがとりわけ興味を持ったり共感した部分を話せばいいのです。

この心からのメッセージを〝ラブコール〟のように商談時に投げかけると、お客様は嬉しくなり「前向きに話をしよう」と、感情曲線の盛り上がりを見せてくれます。

我々はこれを「戦略的アイスブレイク」と呼んでいます。

「本日のために前もって御社のサービスを勉強してきたのですが、このサービスは今まで見て見ぬふりをするしかなかった問題を改善できる本当に素晴らしいサービスですね。純粋に広まってほしいなと思いました。やはりお客様の反響もよかったりしますか?」

このように、あなた自身が会社や商品に抱いたポジティブな想いをぶつけて、会話をするのです。

ただし、思ってもいないことを伝えようとしても相手には響きません。あなた自身が〝本当に共感できた内容〟を探すことを、決して忘れないでください。

また、お客様との共感点を見つけたり商談の冒頭で盛り上がったりすると、副次効果として、あなた自身の商談に懸ける想いやエネルギーを強めてくれます。ある意味、戦略的アイスブレイクとは営業担当である「あなたのブレーキを外す効果」もあるのです。

なお、人間的な関係構築や距離感を縮めるための雑談をするのであれば、むしろ商談が終わってからの実施をオススメしています。商談後のエレベーターや出口に向かうまでの時間や、商談を一度締めた後に「そういえば直接今回のケースとは関係ないのですが……」といったかたちで切りだすと、緊張がほどけた状態で対話が進むことでしょう。

(3) 感情を揺さぶる「ファーストピッチ」の極意

最初の挨拶や名刺交換、アイスブレイクが済んだら、次はお客様に目的を提示したり、商品やサービスを紹介したりして興味を持っていただきます。この段階で、「この営業やサービスはひと味違うな」と感じてもらうには、お客様の心がときめくような魅力的なファーストピッチ（短いプレゼンテーション）を行わなければいけません。

まず、皆さんは会社紹介やサービス紹介にどのくらい時間をかけていますか。お客様によって「ちょうどいい」と感じる時間に差はありますが、適正なピッチ時間はせいぜい「7分程度」だとご理解ください。初回訪問のアプローチで10分以上も一方的に話をするのは、長すぎます。

まず、ファーストピッチで披露する会社情報やサービス情報は「足りないくらいがちょうどいい」という心構えでいましょう。商品紹介はこの後でも十分にできます。

お客様の価値基準が明確になる前に、むやみやたらと商品説明をするのは売り手のエゴです。私たちが想像する以上に聞いている側は長い説明が苦痛なので、注意しましょう。

①ピッチでは「強弱」と「流れ」を意識する

そのうえで、私が「感情を揺さぶるピッチ」をするためにアドバイスしている点が2つあります。それは「強弱」と「流れ」です。

強弱は緩急とも言い換えられますが、要はピッチに飽きさせないための「リズムづくり」です。ジェットコースターが一定のスピードで走行するのではなく、急降下でスリル感を味わうように、ピッチでも一定のリズムだと退屈してしまいます。意図的に強弱をつけることで、最終的に聞き終わったお客様が「あっという間の7分間だった」という状態を目指すのです。強弱をつけるためのポイントは、

- ✓ 話すテンポ
- ✓ 声の大きさ

- ✓ 身振り手振り
- ✓ 言葉を立てる

これらを意識することです。話すテンポを速めたり、ゆっくりしたり、声を大きくしたりして、強弱を意識してください。特に主語や単語、接続詞をしっかり話して、ほかは自然に流していくようなイメージです（全体をゆっくり話すのではなく、意図してゆっくり、強調するポイントを作る）。大事な言葉の輪郭をはっきりさせることで、キーメッセージが強調され、相手の頭の中でも理解しやすくなります

そのうえで「流れ」も意識してください。具体的には、いい流れとは「コンテクスト」によって生み出されます。コンテクストとは「文脈・脈絡・前後関係」という意味ですが、それをピッチの流れで相手に伝えるために、接続詞など「つなぎの言葉」をうまく挟んでいきます。次の例文をご覧ください。

トーク例

「私たちは、この業界でナンバーワンのポジションを獲得できています」

「なぜなら」

「私たちは技術者品質に圧倒的なこだわりを持ち、積極投資をしているからです。しかも技術者には全員、営業とデザインの実務を一定期間体験させて、ユーザーにとって本当に利用しやすい体験を提供できるように教育しています」

「その結果」

「ユーザー満足度が非常に高く、継続率98%という記録的な数字を生み出せています。さらに口コミによる顧客紹介が生まれて業界で不動の地位を築くことができているのです」

このように、「つなぎの言葉」をハッキリと強く発言することで美しい流れができます。

商談前にはひと通りピッチの資料を作り、どのように言葉を繋げるか、最初から最後まで通して読んでみて、次に最後から最初に戻るように見返してみましょう。前から読んでも後ろから見返しても一貫性があり、内容が繋がればＯＫです。

② 「論理と情熱」の情報をバランスよく配する

ファーストピッチでは、たった7分程度の時間でお客様に信用と興味を抱いていただかなくてはいけません。そのためには、「論理（ロジカル）と情理（エモーショナル）」な情報を、バランスよく取り入れることをオススメします。

論理的な情報とは実績や証拠です。

「弊社には取引先が1000社あります」「業界最大手のナショナルクライアントに利用いただいています」「ビジネスコンテストで優勝しています」「社員数が1000人います」「創業者は超有名企業出身です」「売り上げが100億円あります」

このように、誰が見ても納得できる実績や証拠を示すことです。しかし、論理情報だけで意思決定ができるほど、買い手は合理的な判断をしません。むしろ論理的な訴えかけが続くと、自慢話に聞こえたり怪しい印象になったりします。あなたも先ほどの情報を一気に言われたら、なんか嫌な気分になりませんか？

そこで必要なのが、情理的なコンテンツです。すなわちストーリーです。

「○○という社会問題に対して、なぜ解決を目指しているのか」「なぜ創業したのか」「なぜ選ばれ続けているのか」

そんな会社やサービスのエピソードを披露することで、お客様の共感を獲得できます。

セレブリックスでは会社を紹介するピッチの設計を、言葉の強弱や論理と感情の情報を使って、お客様の心情を「ドラマチックな心理曲線」で動かすことを目指しています。イメージとしては次ページの【図表20】のような流れです。

実際のピッチの場面では、「何を提供しているか」という説明をする人は多いですが、「なぜやっているか」というエピソードを披露する人は少ないです。

しかし、最初から最後まで変化のないストーリーに人は感情移入しません。片方だけでは不十分で、この論理的・情理的コンテンツをバランスよく取り入れることで、ピッチや商談全体がドラマチックな作品になります。

なお、伝え方のコツとしては、論理的な内容は比較的に落ち着いて丁寧な伝え方をし、情理的な内容は感情を込めて、しっかり強弱をつけることです。論理的コンテンツに比べ

図表 20 ピッチでは「ドラマチックな心理曲線」を意識する

会社やサービスを紹介するときは、ドラマチックなストーリー(ヒーローズ・ジャーニー)で伝えることを意識する。会社概要やサービスの機能だけでなく、その裏にある想いやエピソード、成功や失敗体験などを交えて伝えることで顧客から共感を得る。顧客に「どうしてなのか?」「なるほど!」と思ってもらえる物語を紡いでいく。

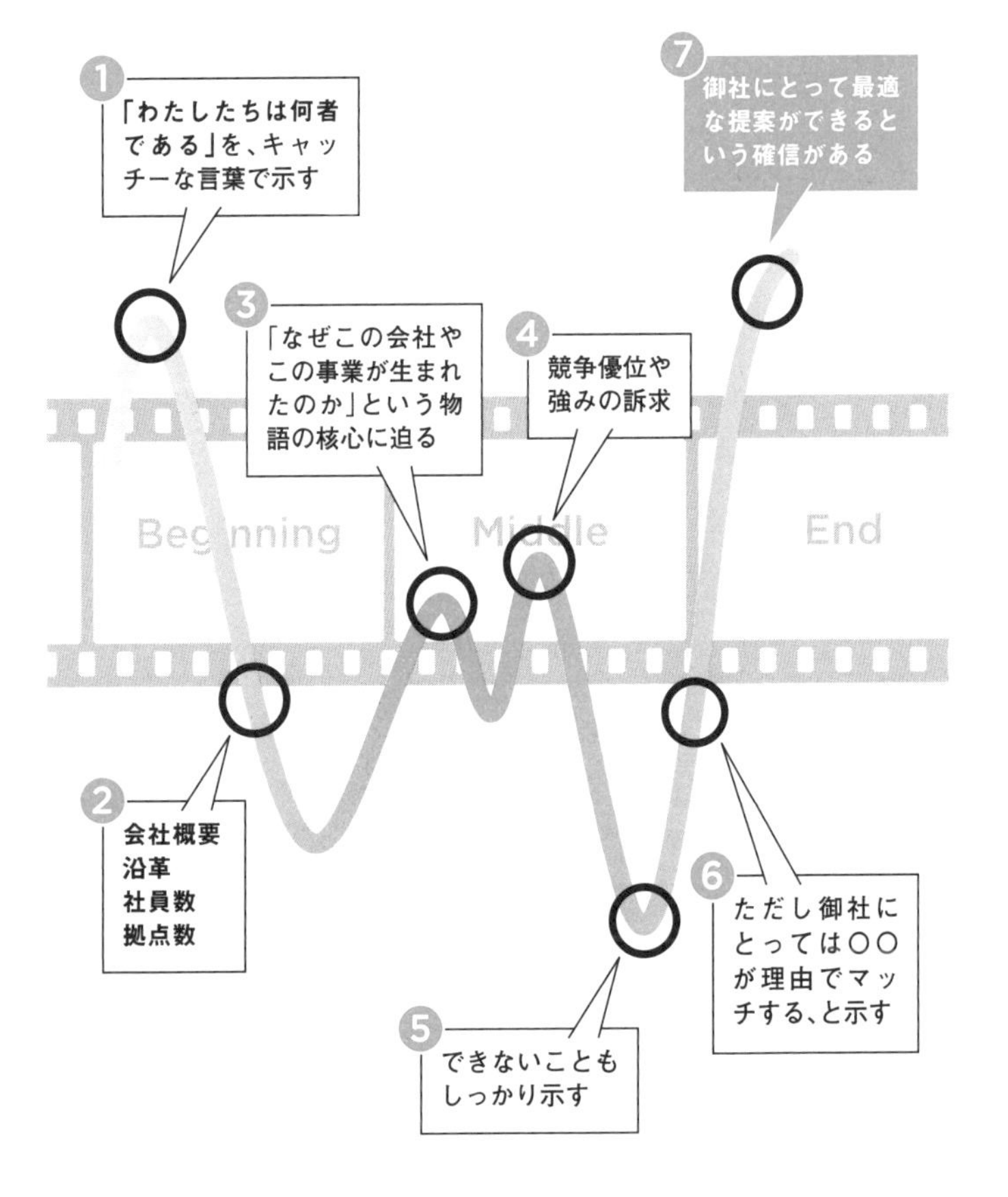

てエネルギッシュにご紹介すると、より感情に訴えかけることが可能です。

(4) 心地よいコミュニケーションは「意識的」につくる

テクニカルな商品や企業説明ができたとしても、結局は一人ひとりの人間同士のコミュニケーションだという大前提があります。誰だって商談の場では、「この人とは、どう話せばコミュニケーション方法ならうまくいくのか?」と、目の前の人にフォーカスするはずです。

そこで、セレブリックスでは行動傾向分析・調査ツール「DiSC®」を使ったコミュニケーションデザインを取り入れています。

人が心地よいと感じるコミュニケーションには、スタイルが存在します。1928年に心理学者のマーストン博士は、人間の感情に基づく行動傾向は大きく分けると4つのスタイルに分類できると提唱しました。

その4つの行動傾向に基づき、約50年以上も前にアメリカのJohn Wiley & Sons社にて開発された行動傾向分析・調査ツールが、DiSC®です。

最新の心理学や測定手法を取り入れながら、今なお世界中の教育やコミュニケーションの分野で活用されています。

セレブリックスではお客様との円滑なコミュニケーションや関係構築のために、このD・iSC®の考え方を取り入れた商談を推奨しています。相手にとって心地よいコミュニケーションを意図してつくれるということは、苦手なお客様を生みにくくなるからです。

① 重要なのは「性格」ではなく「コミュニケーションスタイル」

世の中には、分析・評価ツールが溢れていますが、とりわけD・iSC®が商談と相性がいい理由は、「性格診断」ではなく「相手が好むコミュニケーションスタイル」を把握できる点です。

商談では、自分の性格は大して重要ではありません。お客様にとって心地よいコミュニケーションは何なのか、理想の営業パーソンはどのような人なのか、相手を起点として、「理想を演じる」ことのできる人が、営業をコントロールできている人なのです。

では、具体的にD・iSC®の4スタイルの分類を学んでいきましょう。

DiSC®では

「Dスタイル（Dominance／意志が強い）」
「iスタイル（influence／楽観的で社交的）」
「Sスタイル（Steadiness／思いやり、協力的）」
「Cスタイル（Conscientiousness／正確な慎重派）」

という、4つのスタイルに分類されます（【図表21】）。

実はさらに細かく分けると12のスタイルに細分化できるのですが、出会ってわずか数分でそこまで見極めるのは、ほぼ不可能です。

商談では大まかな4つのスタイルを頭に入れておけば十分でしょう。

② お客様を4スタイルに見分ける方法

では、実際の商談ではどうやってお客様が好むコミュニケーションスタイルを見分ければいいのか。私の経験に基づいてご紹介すると、最初から無理やり一つに当てはめる必要はありません。4つのスタイルのうち、「この2つの特徴が強いかな？」といった仮説から考えていけばいいと思います。

図表 21 「DiSC®」分析における4つのコミュニケーションスタイル

D (Dominance) スタイル

意志が強い

- 行動的、決断が早い
- 強引、直接的な発言
- 勝気で挑戦的
- 結果重視、達成主義者

i (influence) スタイル

楽観的で社交的

- 明るく、外交的な性格
- 人と接するのを好む
- 感情表現が豊か、前向き
- 粘り強さや緻密性に課題

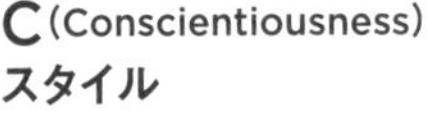

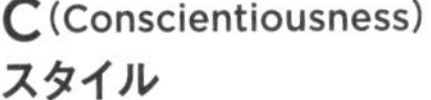

C (Conscientiousness) スタイル

正確な慎重派

- 緻密で慎重
- 計画性や手順化を好む
- 間違いを恐れる
- マイペースな分析家

S (Steadiness) スタイル

思いやり、協力

- 人の役に立ちたい
- 考えはあるが発言しない
- コツコツと頑張る
- 変化が苦手、安定志向

例えば、初対面から自分の身の上をハキハキと話すお客様だった場合。そのときは「この人はDスタイル（意志が強い）とiスタイル（楽観的で社交的）の傾向がありそうだな」と考えられます。

このように、まずは「D／i」や「S／C」といった2分割で仮説を立てていくのです。2分類したスタイルには、それぞれ次ページ【図表22】のような傾向があります。

続いて、コミュニケーションが深まってきたら「D」「i」「S」「C」の中でどの傾向が強く出ているかに着目して、2分類から4分類にスタイルを絞っていきます。

例えば、大きな声でマシンガンのように話す人がいたら「この人はiスタイルかもしれない」とあたりをつけます。そのうえで、あたりをつけたスタイルの傾向に沿って、商談における相手とのコミュニケーションのとり方をアレンジしていくのです。

ただし、コミュニケーションスタイルは経験やスキルで補うことができるので、傾向が出たからといって、一概に特定のスタイルに決めつけると痛い目をみます。あくまで「仮説」としてコミュニケーション内で活かしましょう。

図 22 「商談相手はどの傾向?」まずは2分割で絞り込む

D(Dominance)
スタイル

i(influence)
スタイル

「D/i」の人に
見られがちな傾向

- ☑ 自分から積極的に意見を入れてくる
- ☑ 声が大きい、はっきり喋る、せっかち
- ☑ 「必要ない」など断定的な回答が多い

「D/C」の人に
見られがちな傾向

- ☑ 懐疑的になりがちで問題意識が強い
- ☑ 反論や問いかけを出しがち
- ☑ 表情は硬めで雑談を好まない

「i/S」の人に
見られがちな傾向

- ☑ 営業の話を素直に受け止め、話を聞く
- ☑ 「凄いですね」など共感や承認を示す
- ☑ 表情は柔らかく感じのいい人が多い

「C/S」の人に
見られがちな傾向

- ☑ 受け身で自分からは積極的に話さない
- ☑ 声が小さめで落ち着きがあり感情が出にくい
- ☑ 断定的で角の立った言い方をしない

C(Conscientiousness)
スタイル

S(Steadiness)
スタイル

③ お客様のスタイル傾向に合わせて商談する

では、いよいよお客様のスタイルにある程度の仮説を立てたうえでの、コミュニケーション方法について解説していきます。

「Dスタイル」の人とのコミュニケーション（【図表23】）

「自分でコントロールしたい」という思いが強い「D」スタイルの人の場合は、相手が知りたいことを〝結論から端的に届ける〟コミュニケーションを意識します。質問に対して結論を答えたら「余計な説明はしない」のが鉄則です。成果を求める傾向が強いので、提案がお客様に「何をもたらすのか」について自信をもってハッキリと提示し、わかりやすい選択肢を示して選んでいただくといいです。

「iスタイル」の人とのコミュニケーション（【図23】）

社交的で話をするのが好きなので、話題の中心にいることを好みます。質問やディスカッションも歓迎なので、コミュニケーションを取りやすく感じるはずです。

ただし、「i」スタイルの人との会話は脱線しやすいので、重要なのは、「ハンドリング」です。話題や商談の方向性を営業が適宜コントロールして軌道修正しましょう。コントロールできないと、聞くべき情報が半分も聞けずに商談が終わる場合もあります。

また、気持ちよく話をしている最中でも相手の表情や態度に敏感なため、相手が関心を持っていないと気づくと一気に気持ちが冷めてしまうことがあります。

「Sスタイル」の人とのコミュニケーション（【図24】）

とにかく感じがよく、営業を受け入れてくれるのが「S」スタイルの人の特徴です。一方で誰に対しても同じ接し方なので、商談が本当に有効かどうかを見極めるのが困難です。

そもそも「S」スタイルの人は、断ったり否定することが苦手です。そのため、商談では反応がよかったはずなのに、クロージングまでたどり着かない「見込みの薄い案件」が生まれてしまいがちです。

また、「S」スタイルの人は自分から意見や情報を出してくれないため、適宜、営業から不安なところや懸念点がないか、心の状態を確かめて受け入れてあげる必要があります。

「Cスタイル」の人とのコミュニケーション（【図24】）

「C」スタイルの人はムダなコミュニケーションを好みません。よってアイスブレイクなどはしないほうが得策です。

対人関係において、「いい印象を与える」という優先順位が低いので、初対面でも「やり取りで笑顔がない」「名刺交換時に営業の目を見ない」「声が小さい」などの傾向が見られます。営業からすると「つまらなそう」「怒っているよう」と受け取られがちですが、実際にそのようなことはなく、ただ話や情報に集中しているだけなのです。

無言の時間が長く続いても、それは相手が考えている証拠です。そのときに営業が余計な情報を与えると、考えるペースを乱された相手は不快に感じやすいです。ゆっくり考える時間を提供しましょう。

以上がD・i・S・C®を活用した商談における関係構築の解説です。4つのスタイル別で商談中に見られる傾向は、それぞれ【図表23・24】にまとめているので参考にしてください。

また、ここで紹介したのはほんの一部の情報なので、さらに詳しく知りたい方はぜひD・i・S・C®の専門書を調べてみてください。

図表23 Dスタイル／iスタイルでのコミュニケーション設計

Dスタイルの人に見られがちな傾向は?

- ✓「結論は?」「要は?」と結論を促す
- ✓ 気になったら話を中断してでも聞く
- ✓「この機能はいらない」など主張が強い

①明確さと単刀直入! 結論から伝える

シンプルに伝えて途中で余計な感情を混ぜない。「要は何?」を意識したコミュニケーションをする

②勝負事に負けん気を出す

負けん気を高く評価する傾向なので、リスクのない範囲で「言いきる」姿勢を持とう

③選択肢を示す

自分で決めたいと考えるため2~3案を選んでもらう

iスタイルの人に見られがちな傾向は?

- ✓ 声や身振り手振りリアクションが大きい
- ✓ 自分で話して、自分で笑ったりしている
- ✓ 興味を示すとよく喋り、話が脱線しやすい

①気分屋なので「買気」を示したら迅速に

適当というわけではなく関心が移りやすいだけだと知るべし

②勢いや雰囲気を大事にする

話が脱線しても、共感を示して話を切り替える

③データを延々と語らない

データは「スパイス程度」と考えたほうがいい

図表 24　Sスタイル／Cスタイルでのコミュニケーション設計

Sスタイルの人に見られがちな傾向は?

①一人で決めるのが苦手なので相談に乗るスタンスで
「差し支えなければ、一緒に考えましょうか?」と相談相手になる

②「わかった」と言いながら返事を先延ばしにしがち
ルーズととらえるのではなく、なんらかの問題があることを疑う。まずは、問題を聞くスタンスで

③会話にゴールを求めなくてもOK
会話よりも共感する時間が価値。ときには話し相手になるだけでもOK

- ✓ 興味がなくても頷いたり共感してくれる
- ✓ 積極的に話したり聞かれないと意見しない
- ✓ 断定せず言い切らない。枕詞を多用する

Cスタイルの人に見られがちな傾向は?

①相手のペースに合わせる
商談中の沈黙は「考えを整理する時間」。余計な説明をすると、かえってコミュニケーションを悪化させる

②納得を得るために前例やデータを示す
Cスタイルの人は自分の見解を持ちたい傾向にある。データがなくとも、事例や根拠が大事になる

③デッドライン（締切）を決めておく
判断に時間がかかることが多いので、デッドラインを決めておくことが重要

- ✓ ポーカーフェイスで表情や感情が読めない
- ✓ 考えながら話すため「間」が長い
- ✓ 声が小さく、リアクションや出してくれる情報量が少ない

※「DiSC®理論」に基づく自己分析ツールは、John Wiley & Sons社がコピーライトを保持しています。今回掲載したのはHRD株式会社の提供する「Everything DiSC® ワークプレイス」に基づきセレブリックスが加工した情報であり、筆者はHRD株式会社が主催する「DiSC®認定セミナー」の受講を修了した登録認定資格者です。

ファクトファインディング——課題を設定する

いよいよ営業力の神髄に迫る「課題設定のプロセス」について解説します。「売れる営業／売れない営業」で、最も差がつくのがこの部分です。

売れない営業パーソンほど「今日のお客様は課題がありませんでした」と言います。これは間違いです。ビジネスをしている限り、課題がないお客様などいません。「用意した仮説と質問では、解決すべき課題として設定できませんでした」が、正しいのです。

残酷な差を生むファクトファインディング（課題設定力）は、ある意味、「究極の営業力」と解釈できるでしょう。

(1)「ヒアリング」をしただけでは意味がない

ファクトファインディングは直訳すれば「事実の把握」です。一般的に提案型セールスでは、アプローチ後のアクションを「ヒアリング」と表現します。しかし、セレブリックスではこのヒアリングというプロセスに異を唱えています。

なぜなら、ヒアリングとは「聞き取り」のことだからです。ヒアリングで課題設定ができるお客様はあらかじめ問題意識が高いか、もしくは顕在的なニーズがある場合です。アウトバウンド営業においてはニーズが顕在化していないお客様のほうが多く、その状態で〝宝探し〟のようにヒアリングをしても、成果のコントロールには繋がりません。

一方、営業でハイパフォーマンスを出す人は、お客様が発言する情報に対して、いい意味で疑いの目を向けています。「実はこの情報はお客様の思い込みなのではないか」「第三者の目線だから気づける課題があるはずだ」と、発言の〝裏側〟を探っています。彼らにとってファクトファインディングとは、課題を聞き出すのではなく、「課題を一緒に見つける」という共同作業なのです。

その「課題を一緒に見つける」ために必要になるのが、「問いかけによる課題発見」と「傾聴の姿勢」です（次ページの【図表25】）。

図表 25 「問いかけ」と「傾聴の姿勢」で課題を一緒に見つける

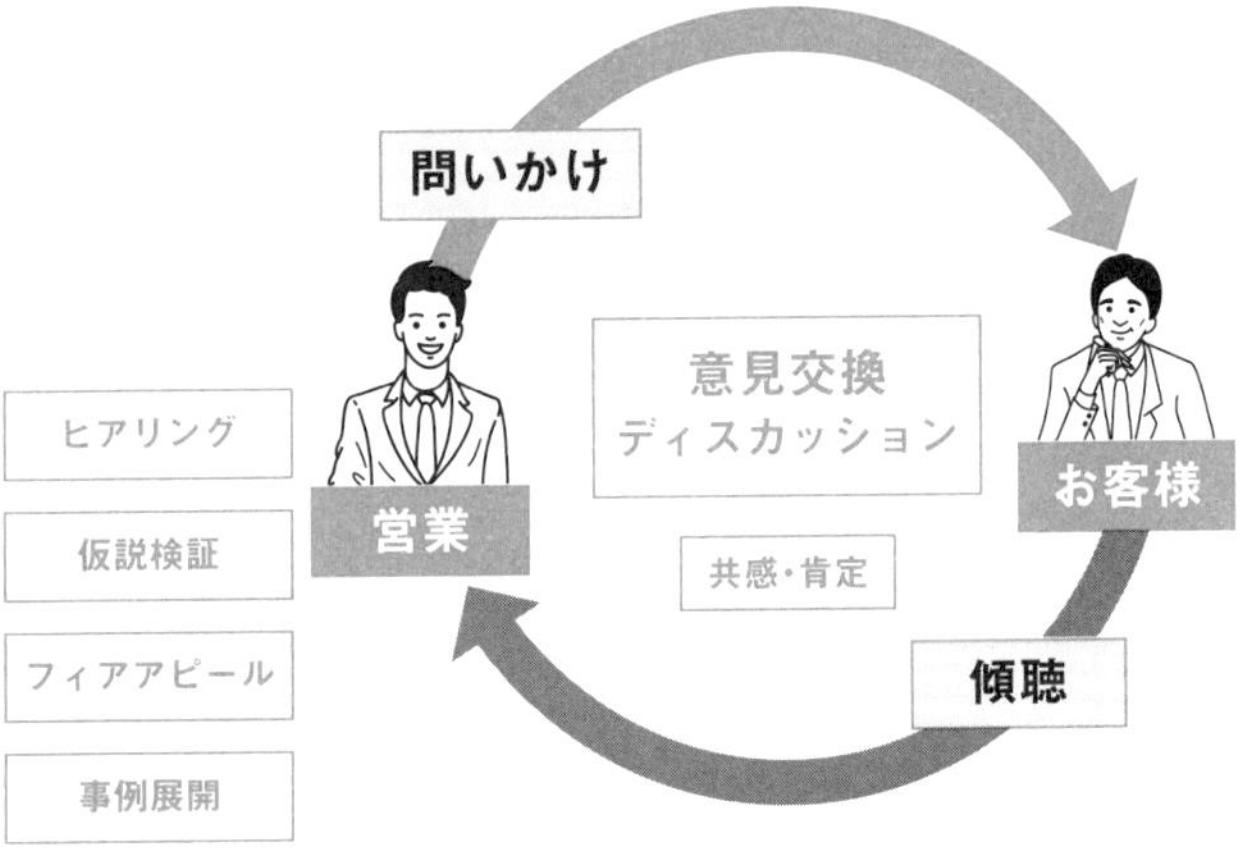

では、どういったトーク展開で課題を発見していくのか。ここでもセキュリティメーカーのケースを例に、方法を学んでいきましょう。お客様への質問の仕方ですが、ここにもいくつかのスタイルがあります。まずは準備した質問や確認項目を、ストレートに投げかけて聞き取っていくスタイルです。

トーク例

「御社では、どのようなセキュリティ対策に取り組んでいますか？」
「今のところ監視カメラは何台設置していますか？」

次は、自分が立てた仮説を検証していくス

タイルです。前出の「3C＋2C×マクロ環境」フレームなどで用意した仮説をもとに、お客様の意見や考察を聞いていきます。

トーク例

「御社の取引先である外食サービスなどは、今後は安全対策の取引基準を強化する可能性はありませんか？」

「これから消費者が商品を手に取る基準として、安全・安心への取り組みといった企業姿勢が求められる傾向は強まりませんか？」

また、多少リスキーですが「フィアアピール」（恐怖やリスクに訴えかける方法）も有効です。必要以上に用いると脅迫めいた商談になるので注意は必要ですが、正攻法で商談が前進しない場合には問題提起の切り札になります。

トーク例

「何か問題が起きたとしたら、御社にとって最もリスクになることは何ですか？」

「現在取り組んでいるセキュリティ対策は、何か問題が起きた際に『ここまでやっていたのだから仕方ない』と、お客様から認めてもらえますか？」

最後は、顧客事例の活用です。近しいエピソードをともなう事例を示すことで、同じような問題やニーズに気づくきっかけにしてもらいます。

トーク例

「最近、食品業界の皆様は、安全対策とセキュリティ対策について悩まれていますね。やはり御社でも関心は高まっていますか？」
「当社で取った『消費者が冷凍食品に求めるアンケート調査』の結果がこちらです。どのような印象を抱きますか？」

このように、お客様の事実や本音に迫るためとはいえ、質問方法によっては聞きにくいことにもあえて切り込んでいかなくてはいけません。

そこで大切なのが「傾聴の姿勢」です。傾聴とは、真摯な姿勢をもって相手の話に耳を傾けることです。「営業活動だから聞いて当たり前」と思うのは言語道断です。

質問することに必死になり、お客様の回答に対して相槌を打ったり返事をしない営業パーソンもたくさんいます。コミュニケーションは手法ありきで考えず、まずは興味と関心をもって自然な対話を心がけてください。

また、傾聴とは相手の心や気持ちに寄り添う姿勢でもあります。相手の本音に迫ろうと、「なぜ」ばかり深掘りをすると、相手に圧迫感を与える尋問調になります。

トーク例

×「セキュリティ対策は万全でしょうか?」→『まだ完ぺきとは言えません』
→「なぜですか」→『監視カメラが全方向についていないので』
→「それはなぜですか?」

○「セキュリティ対策は万全でしょうか?」→『まだ完ぺきとは言えません』
→「そうでしたか、ところで佐藤様はどうしてそう感じるのでしょうか?」

↓『監視カメラが全方向についていないし、まだ完全とは言えませんから』

↓「さようでしたか。では、理想としてはどうしたいのですか？」

このように、質問したことへの回答をしっかり受け止めて、そのうえでボールを返していくのです。その際に、適宜お客様がそのように考えた気持ちや意図に触れていくと、お客様にとって「話を聴いてもらえている人」に近づけるはずです。

(2) 課題を設定する公式「3つのステップと7つのファクト」

課題設定は企業ごとに千差万別だと思いがちですが、実は一定の進め方があります。それが「3つのステップのなかで7つのファクトを発見する」というものです。

そもそも課題とは何かといえば、ビジネスシーンにおいて「解決すべきこと」であり、「問題を解決する取り組み」です。

よく問題と課題を混在する人がいますが、厳密には違います。問題はうまくいってないことであり、「ほっておくと危険になるネガティブなもの」です。対して課題とは、その

図表 26 「問題」と「課題」を混同してはダメ

問題		課題
ネガティブ	あり方	ポジティブ
理想と現実のギャップ うまくいっていないこと このままではいけないこと	内容	解決しなければならないこと 問題を解決する取り組み やるべきこと
・事業目標に対して進捗が悪い ・受注数が月に10件足りていない ・人が足りていない ・定着率が悪い ・既存の採用方法では集まらない	例	・事業目標を達成させる人員を確保する ・受注数を月10件上乗せできる態勢をつくる ・できるだけ早く営業人員を増員させる ・成果が出やすくするための仕組みをつくる ・アウトソーシングを含めて採用する

問題を「解決するために取り組むポジティブなもの」です（【図表26】）。

問題と課題は異なるものですが、内容に結びつきがなければいけません。ある意味、問題を課題に昇華させることが営業の「やるべきこと」とも言えます。

そして、問題と課題の違いを認識したうえで、商談では課題を設定するために「3つのステップ」を通して「7つのファクト」の発見を目指します。その3つのステップとは、

- ☑ 事業理解のステップ
- ☑ 問題特定のステップ
- ☑ 課題設定のステップ

です。この3段階を経て最終的にお客様と

図表 27 「3つのステップ」の中で「7つのファクト」を見つける

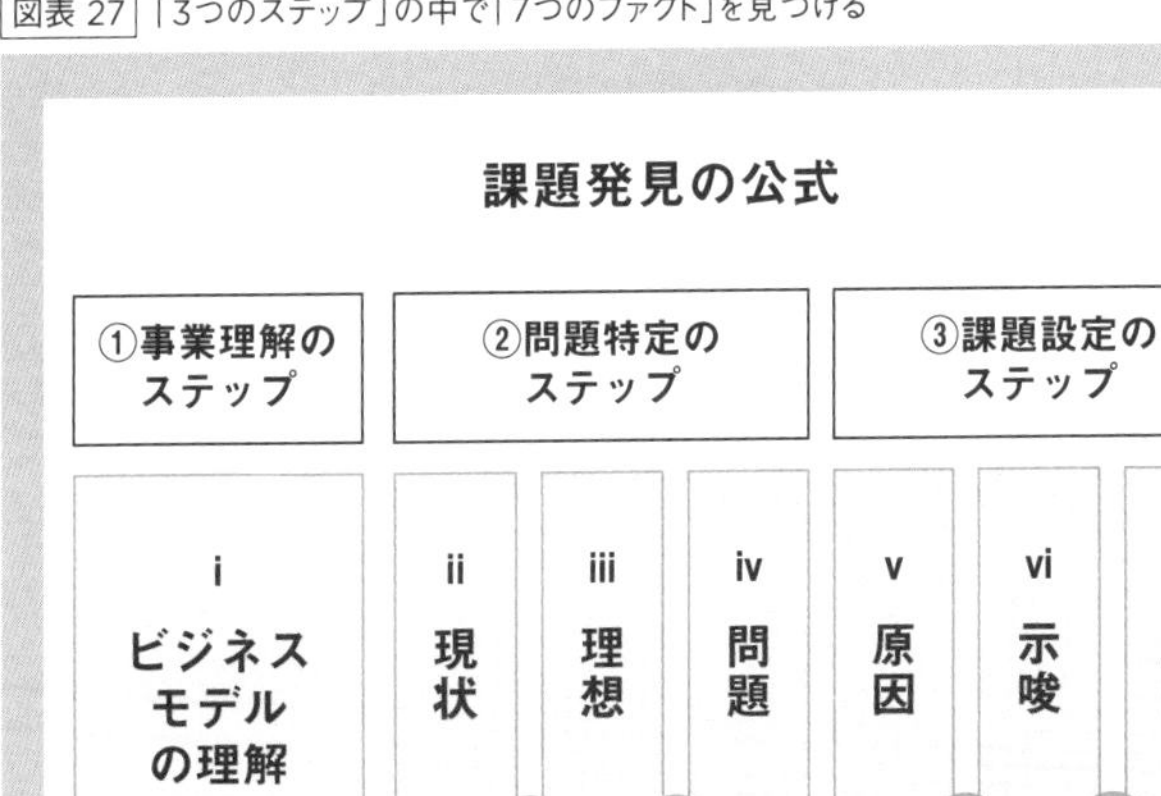

合意できれば、ファクトファインディングは成功です。

ただし、課題設定といってもどのような情報を聞き出せばいいのか、いまひとつ見えてきません。表面的な情報だけ聞き出して解決策を示しても、お客様から「そんなのもうわかってるよ」と言われるだけでしょう。

そこで、お客様ですらまだ気づいていない、「潜在的なニーズ」や「目指すべき本当の姿」を商談で見つけるために、「7つのファクト」があります。

課題設定では、3つのステップに沿って7つのファクトを見つけていきます。図にすると、上の【図表27】のような関係性になります（①〜③がステップでi〜viiがファクトです）。

このように細分化することで、どのステップで情報が聞き出せていないのかがクリアになります。では、3つのステップごとにどのようなコミュニケーションをしていくのか、解説していきましょう。

①事業理解のステップ

まずは営業がお客様のビジネスモデルを理解する時間です。「どのようなコンセプトで」「どのようなターゲットに」「どんな商品を提供しているのか」、お客様のビジネスにおける儲け方や提供価値を知るのです。商談準備だけでは調べられなかった、ビジネスの裏側にある想いや狙いに触れることで、情報に奥ゆきを持たせていきます。

②問題発見のステップ

次のステップでは、「現状−(マイナス)理想＝問題(ギャップ)」という公式を埋めて、問題を発見していきます。医療で言うところの「診察」です。

ちなみに、問題とは「理想と現実のギャップ」と表現されるように、理想から現実を引いたほうが発見しやすいと言われます。しかし、営業においては「現状」から質問したほうがお客様は回答しやすいのです。今の状態を知ったうえで理想を聞いたほうが会話は自然に進むので、「現状－（マイナス）理想＝問題」という公式にしています。

食品メーカーA社への営業を例にすれば、このような質問を通してお客様の答えを引き出しつつ、公式を埋めていきます。

トーク例【現状を聞き出す質問】

「昨今は食の安全対策や異物混入で騒がれていますが、御社ではどのような対策に取り組んでいますか？」

「現在のセキュリティ対策は、どのような基準で、何を目的に導入されましたか？」

「その対策は、昨今の安全管理の対策基準からすれば何％くらいの完成度だとお考えですか？」

トーク例【理想を聞き出す質問】

「企業ブランドとして、消費者に抱かれたいイメージはどのようなものですか？」

「御社の事業コンセプトを貫くうえで、安全管理やリスクマネジメントで絶対に起こしたくないトラブルはどういうことですか？」
「そのためには誰がいつ、どの場所で作業していたかという『人や商品のトレース』（遡り）ができる状態が御社に必要ではないでしょうか？」

トーク例【「現実－理想」で導き出した問題点】

「お客様が目指している売り上げ、ブランド力、シェアを獲得するにはリスクコントロールが不十分かもしれません。何か問題が起きたときには消費者への説明が難しくなるのではないでしょうか。例えば施設への入退管理をしているだけで、人のトレースまでできていないからです。有事の際の対応が後手に回る危険性があるのではないでしょうか？」

このような対話を通して、理想の姿に対してギャップを示していくのです。
そもそも事業運営において、会社を存続させる気があれば必ず問題は発生します。

「お客様がどうしたいか」「お客様はどうあるべきか」という点に着目すれば、できていないことや、乗り越えなければならない壁が見えてきます。

ただし、問題を明確にするにしても、営業パーソンが勝手に問題点だと感じているのではただの自己満足です。細かくお客様の「共感」を得ながら質問を進めてください。

③ 課題設定のステップ

最後は、明確になった問題（理想とのギャップ）を解決するために、「なぜ、この問題が発生しているのか」「どうすれば解決できるのか」という課題を設定していきます。

課題設定の進め方を公式にすると「原因＋示唆＝課題」となります。

トーク例【原因を特定するための質問】

「今までは、安全対策やセキュリティへの投資について、優先順位をどのようにお考えでしたか？」

「現在、まだ動けていないのはどのようなことが原因ですか？」

「人や物の動きをトレースするための環境が整っていないのは、どのような理由が考えられますか？」

トーク例【示唆を促す質問】

「世の中がこれだけ食の安全を求めるなかで、イメージや社会的責任を守るためにも安全対策の優先順位を高めるべきですよね。安全ブランドとして想起されるためには、業界でも先をゆくトレースへの対応を整え、リリースなども出すべきだと思います。いずれ投資は必要になるので、早く対応したほうがリスクは減り、消費者の印象もよくなるので効果的ではないでしょうか？」

トーク例【設定できた課題】

「以上のことから、御社が今後取り組むべきこととして、

- セキュリティへの投資を早めて、リスクコントロールと安全ブランドの確立を図っていく。
- そのために「最新のシステムや概念を駆使して対策をしている」と消費者にアピールできる状態を目指す。

- そこで重要になるのが、セキュリティの強化と、商品の製造過程をトレースできる状態にすること。

このような計画を具体的に進める必要がある、という課題認識でお間違いないですか？」

あくまで参考ですが、大まかにはこういった合意形成を目指しましょう。公式を埋める意識を持つことで「課題設定のためには今、どんな要素が足りないのか？」が見えやすくなります。

ファクトファインディングは、セールスプロセスにおいて最も重要なので、ほかのトークケースも紹介したいと思います。次のページから続く2つの図は、「AIの機能を駆使したスカウト型の採用サービス」の営業ケースです。

ただし、【図表28】は「表面的なヒアリング」しかしていません。これに対して【図表29】は「3つのステップと7つのファクトの発見」を行っています。質問の仕方によってまったく異なる課題設定になるのがわかるはずです。

図表 28 「表面的なヒアリング」だけの場合

現在、人手不足などでお困りのことはありますか？

そうですね、足りているわけではないですが、何とかやりくりしていますね（人を増やしても成果が出るかわからないからなぁ。むしろ今いる社員が売れるようにならないと話にならないなぁ）

そうでしたか。リクルート情報も出ていたので採用されているのかと思いました。ちなみに、どんな職種で何名くらいいたら望ましいのでしょうか？（困ったな……採用してないとなると、提案しにくいぞ）

採用するとすれば営業職ですかね。1名とか（ウェブサイトの情報なんて私は知らないな、ずっと出してるだけでしょ……。別に人増やしたくないんだって）

そうでしたか、いつまでに採用は必要ですか？（お…1名なら可能性ありそうかな？ここをもう少し掘り下げてみよう）

特別困ってはいないので、いい人がいたら…という感じですね（この営業……私の話を聞いているのか？）

なるほど、ありがとうございます！ ちなみに現在のところ、求職者などは集まっていますか？

集まっていないですね。でも、焦ってもいませんから（少しイライラしてきたぞ。だからそんなに困ってないんだけど）

今現在は何か採用活動は行っていないのですか？（なんかやりにくいなぁ…、しかし何とか糸口を見つけないと）

そうですね、今は特にしていません。時々リファラル採用（紹介）などでいい人をご紹介いただいたら面接はしていますね

そうですか！ 紹介だといい人材が集まってきますよね！（定着率を高める採用ができるという点で訴求しよう！）

はぁ……まあそうですね（いやいや、君に何がわかるの？）

図表 29 「7つのファクト」を発見した場合

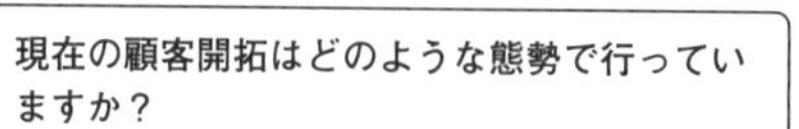
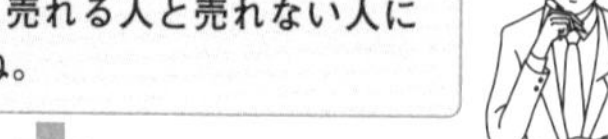

現在の顧客開拓はどのような態勢で行っていますか？
現状
そうですね。顧客開拓のビジネスチームはマーケターが2名で営業が15名、カスタマーサクセスが2名という状態です。
顧客開拓では中長期的に目指している目標はありますか？
理想
2年後に導入数500社を目指しています。
ありがとうございます。ちなみに、なぜ2年後なのですか？　また、達成の重要度は高いですか？
理想
もちろん重要です。なぜなら、その時期を目安にIPOを目指していて、売上高や先々の成長性として500社にしました。
そうでしたか、現状の取引先が100社とお聞きしていますが、進捗状況としてはいかがでしょうか？
問題
よくないですね、本来の計画としては200社の予定です。なんとかしなくてはいけないんですが……。
そうですよね……。では現状は計画に対して50%という状況だと思いますが、どのような理由が考えられますか？
原因
そうですね、まだマーケット認知が浅い商品ということもあり、売れる人と売れない人に差が生じていますね。

売り方を見つける力が必要なんですね。目標達成できている人は全体のどのくらいですか？　達成者と未達成者にどのような違いがありますか？

達成者は10人中3人くらいですね。違いは…そうですね…もともと営業経験者を集めてましたが、それはあまり成果に影響していないことがわかりました。むしろ採用や人事経験者や、お客様の仕事を理解できる人がしっかり成果を出していますね。

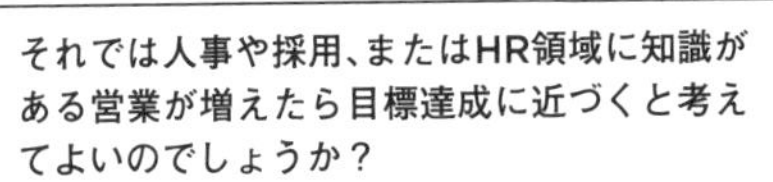

それでは人事や採用、またはHR領域に知識がある営業が増えたら目標達成に近づくと考えてよいのでしょうか？

示唆

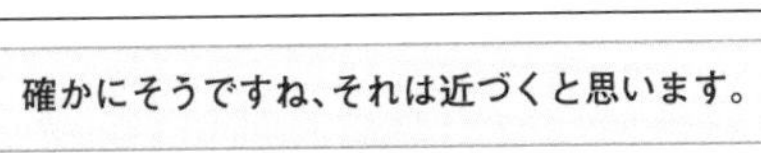

確かにそうですね、それは近づくと思います。

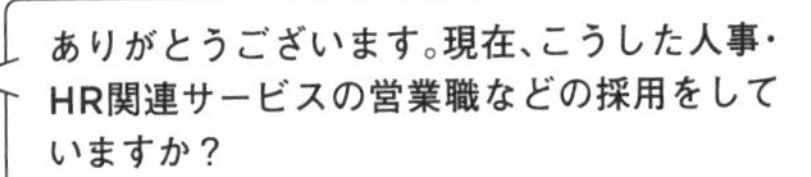

ありがとうございます。現在、こうした人事・HR関連サービスの営業職などの採用をしていますか？

示唆

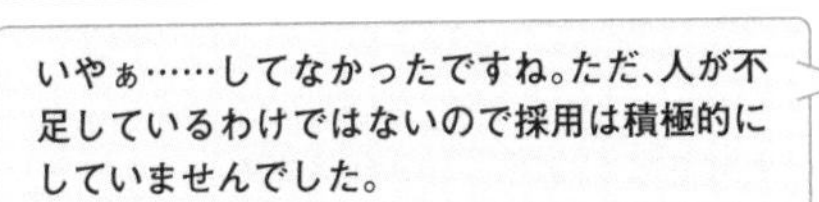

いやぁ……してなかったですね。ただ、人が不足しているわけではないので採用は積極的にしていませんでした。

確かに単純な人数でいえばそうなのかもしれません。ただ、先ほどおっしゃったように、2年後の目標を達成するには、このままでは難しいのではないでしょうか。

なるほど、確かにおっしゃる通りです。成果を出す営業が増えれば、成功パターンも横展開できて一石二鳥かもしれません。

加えて今、業界に話題性があり、競合の参入が増えてきていますから、できるだけ早く採用してシェアを拡大しておく必要がありますよね。

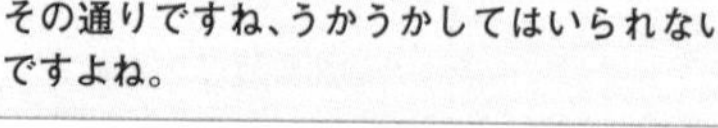

その通りですね、うかうかしてはいられないですよね。

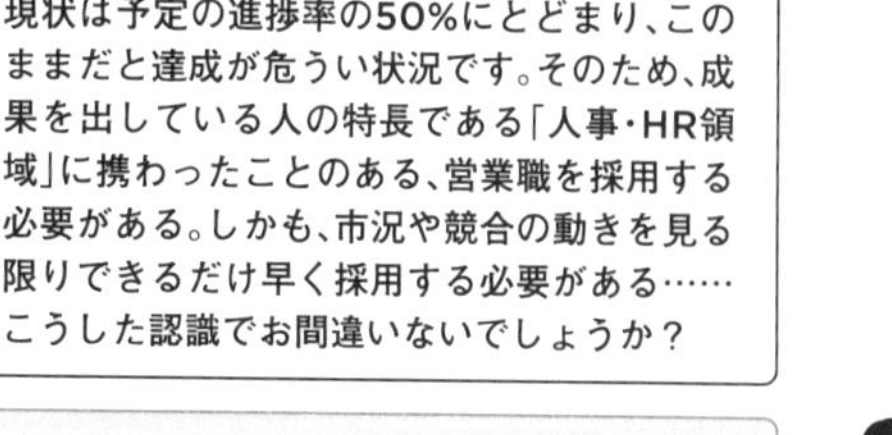

では少しまとめさせてください。御社の目指す理想は、2年後に200社を必達することで、現状は予定の進捗率の50%にとどまり、このままだと達成が危うい状況です。そのため、成果を出している人の特長である「人事・HR領域」に携わったことのある、営業職を採用する必要がある。しかも、市況や競合の動きを見る限りできるだけ早く採用する必要がある……こうした認識でお間違いないでしょうか？

その通りです。やるべきことがクリアになりました。

そうですか、それは私も嬉しいです！ちなみに、弊社のAIスカウトサービスであれば、まさに御社が必要とする人材の採用に貢献できると思います。よろしければ具体的なご提案をさせていただけませんか？

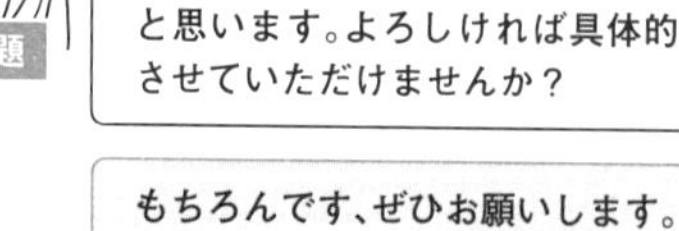

もちろんです、ぜひお願いします。

買う（採用）予定のなかったお客様が、導入の必要性を感じるお客様に変わった。

気づいた人がいるかもしれませんが、ファクトファインディングでコミュニケーションを取ったお客様のほうが、「いいお客様」に映ったのではないでしょうか？　実は、7つのファクト発見に沿うかたちで問いを出していくと、コミュニケーションがスムーズになり、聞くべきことがスマートに聞きだしやすくなります。

(3)「売るための情報」を得ようとしてはいけない

ちなみに、営業に関する書籍などを見ると、「お客様が6：4または7：3くらいで多く話すのがいい」と書かれていたりします。私の経験則からすれば、これは商談内容やお客様の性格、課題意識によって異なります。

大切なのは、話した量や時間ではありません。潜在的な事実まで掘り下げ、理想を実現するための真の課題設定ができているかどうかです。

また、営業研修などの場で、課題設定における「3つのステップと7つのファクト発見」をレクチャーしていると、よく「予算感や意思決定者など、実際の提案に必要な詳細情報をいつ聞けばよいかわからない」という声が出ます。

結論からいえば、「課題設定ができた後にいくらでも聞いてください」とお伝えします。もちろん、会話上必要なのであれば3つのステップのなかで聞けばいいのですが、営業にとって「売るための情報」を得ようとすると、お客様の課題発見に関係のない質問を追加することになります。このプロセスではあくまで課題設定のみにフォーカスすべきです。

一方で、お客様にとって課題解決や商品導入が重要なイベントになった後は、細かなことがいくらでも聞けるようになります。むしろ曖昧な情報ではなく正確な情報を得られるようになるはずです。

提案の素材集めは必ずしもファクトファインディングで行わなくても、次の「オーダーコントロール」のプロセスで、提案を固めるために周辺情報を調査すればいいのです。

オーダーコントロール――要件定義とネクスト設計

オーダーコントロールとは、「お客様の発注内容の調整」という意味であり、要件定義とネクスト設定のために設けられた営業プロセスです。

ファクトファインディングのプロセスで、お客様に「解決したい」と認めていただいた課題に対して、

- ✓ どのような提案なら受け入れられるのか（要件定義）
- ✓ 提案をどのような評価基準で、誰が評価するのか（攻略情報の確認）
- ✓ 具体的に提案を進める次のステップをどう設定するか（ネクストアクションの設定）

これら3項目を、お客様と確認するために存在します。

本書をお読みのあなたは、これまでこの3つの合意を経て商談を進めていましたか？

もし実施していないのであれば、それは商談をコントロールするハンドルを自ら手放していたようなものです。

「意思決定に誰が関わるのか」「意思決定に関わる人にどのように納得していただくのか」、これらの進め方が見えていないと、商談をコントロールできているとはとても言えません。

(1) お客様が欲しい提案と営業が行う提案の「ギャップ」を埋める

まず、「要件定義」を進めます。要件定義とは主にシステム開発業界で使われる言葉で、「システムに組み込む要望をまとめる」という意味です。

営業に置き換えれば「提案に組み込む要望をまとめる」ということになります。お客様と提案書の大まかな内容をすり合わせ、お客様の欲しがる提案と実際に私たちが提案する内容の〝隔たり〟をなくすのが目的です。

要件定義では、左の【図表30】のように細かく方向性をすり合わせしていきます。

進め方としてはまず、お客様の「目的」を達成するための最終目標と中間目標をすり合

図表 30 「要件定義」でお客様とすり合わせるべき内容

目的・解決課題	・導入の目的／テーマ ・想定KPI（重要評価指針）
方針	・課題解決のためにどこまでを目指すか（一度に解決を目指すか／段階を分けるか／優先順位をつけるか）
スケジュール	・課題解決を目指すスケジュールや全体の計画は（どの程度の期間で実施するか／いつから始めるか）
体制・プラン	・課題解決を実現するための、提供サービスや提供体制のすり合わせ（利用するシステムやツールのイメージに違和感はないか）
予算	・予算はどのように考えるか（予算に合わせて提案をすべきか／課題解決案を示して予算を確保してもらうか）
提案骨子	・提案書に必要な要素の確認（目次や骨子はイメージ通りか／提案書に取り込んでほしいコンテンツはあるか）
その他	・提案をするうえでのほかに必要な情報の把握

わせして、「今回の提案内容ではどこまでを目指すか？」という方針を決めます。

例えば、グランドデザインと呼ばれる全体計画を設計し、そのなかで1年目、2年目、3年目で目指す内容（想定KPI）を段階的に示すことができれば、お客様にとって営業は「売り手」から「相談相手」に変わっていくでしょう。

次は「スケジュール設定」です。ここで合意が得られないと、お客様にとってその場は〝今、契約をする〟という緊急性のあるイベントになりません。

「12月は繁忙期なので、10月までには運用に慣れておく必要がありますね。だから8月に導入するのが理想です。そうすると、今すぐ検討を始めたほうがいいです」といったように、お客様を取り巻く環境から、逆算してスケジュールを示していきます。

続けて、「体制やプラン」は、課題解決を実現する「商品」のすり合わせです。

例えば「人材を採用する」という課題に対して、有効なのはメディア掲載なのか、紹介なのか、スカウトなのか、アウトソーシングなのかといったように、様々な解決策のなかから提供する商品にギャップがないのかを確認します。

万が一、この段階で解決方法に違和感があれば、むしろ提案しないことが正解です。ファクトファインディングに戻って、課題設定をやり直すべきなのです。

そして「予算」です。「予算はどのくらいありますか?」と無神経に質問するほど、残念な商談の進め方はありません。そもそもアウトバウンド営業の場合、お客様が予算枠を確保しているケースはほとんどないからです。

加えて、アバウトな予算感を聞いてしまうと、お客様の口からは何となくロジックのない金額感が出てきます。その金額感を一度聞くと、営業パーソンは予算内に収めるために、「質を下げた提案や金額ファーストの企画」を考えてしまうのです。

そこで推奨している質問の仕方が、次のような質問の仕方です。

トーク例

「予算についてご質問です。課題解決に必要な提案を企画させていただき、その見積もりをもとに御社内の予算のつくり方をご調整いただくのがいいと思っていますが、進め方にほかのご希望はございますか？」

このように聞けば、多くのお客様は同意してくれますし、予算枠がどうしても決まっている場合ならその金額を示していただけるはずです。お客様から発せられたアバウトな予算額をもとに「予算ありきの提案」になることを抑止できます。

(2) 商談相手がキーパーソンになり「社内営業」をしてもらう

提案の方向性をすり合わせた後は、具体的な提案内容の作成に向けて「攻略に必要な情

図表31 お客様と「評価／判断」基準はどんなポイント？

競合比較・現状との比較

・企業の知名度／実績
・価格／予算
・機能／スペック
・費用対効果／実現可能性
・要件マッチ度／条件マッチ度／納期
・提案内容と課題解決のマッチ度

顧客の社内状況との比較

・社内でだけで完結できるか？
・社外リソースも必要になるか？

その他

・営業パーソンの人柄／信頼感
・つき合い／企業同士の関係性
・社内政治 など

報」を確認します。攻略情報として、主にリサーチすべきは、

☑ お客様の「評価／判断」の基準
☑ 決裁者・決裁ルート・登場人物・利害関係者

この2種類です。

企業は購買の検討に入ると、「どの会社の商品を選ぶか」「商品を導入したら本当に課題が解決できるか」という点に関心ごとが移ります。

つまり、営業パーソンは自社の競争優位性や実現性の証明が必要になってきます。

そこで、【図表31】のように、「競合との比較」や「現状と比較した際の選定基準」、「過去の発注内容から考えて、どこを重視するの

か?」といった情報を知っておくと、この後の商談をコントロールしやすくなるのです。「どのような点で評価をするのか?」という基準を知ることで、お客様にとって最適な提案となるように、提案内容を「加工」できるようになります。

それだけでなく、この商談の意思決定者や決定までのルートも把握しましょう。最終的な決裁者や決裁者に稟議を通す助言者(商談相手の上司など)、その他の利害関係者を聞いて、「この商品の導入決定に誰がどう関わり、どのタイミングで影響してくるか?」を把握します。

なぜなら、いざ商品を導入してもらう前に、商談相手に「社内推進者(キーパーソン)」として上司などを説得してもらう必要があるからです(次ページの【図表32】)。

この領域はある意味、最も営業パーソンが関与できないエリアです。そのため、オーダーコントロールの段階では「今後、社内提案をするうえで、誰を・どの順番で・どのように攻略していくか」という作戦会議をする必要があります。

図表 32　商談相手が「社内営業」をかけていく流れ

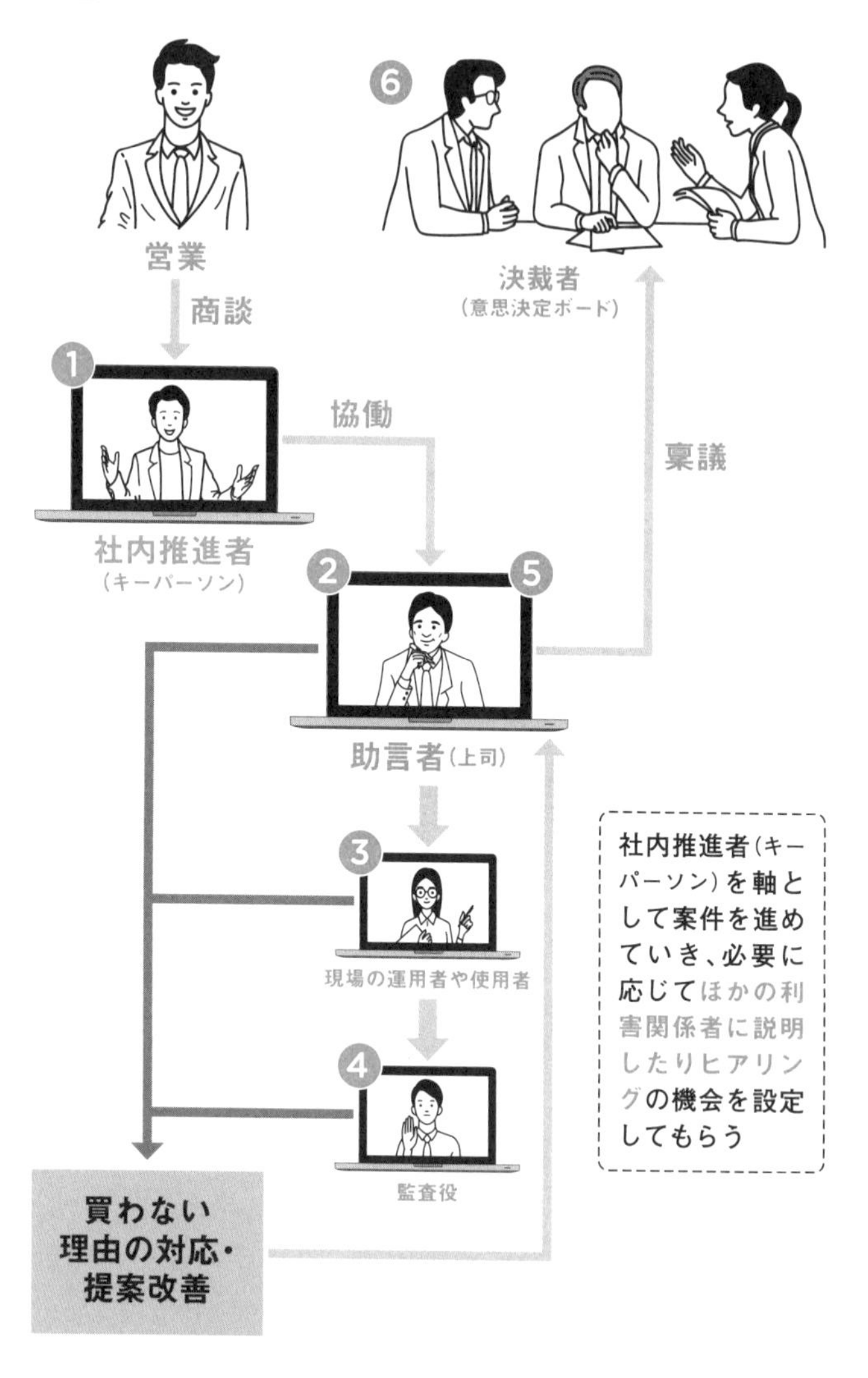

最終的な意思決定ボードで「買わない」と決定されたものを、再度上申するのは至難のワザです。社内推進者もすぐに2度目の提案を行うと「聞きわけのない人物」という烙印を押されるため、前向きな行動を取ってくれないことがほとんどです。

したがって、すべての利害関係者に「必要なサービスや課題解決である」というジャッジをしてもらうために、「この後、社内でどのように利害関係者をコントロールするか」を一緒に考えなければいけないのです。

(3) 次回の商談は「熱いうちに打つ」が鉄則

最後は、次回の商談日程や内容の調整、営業側・お客様側それぞれの〝宿題〟や持ち帰り事項を整えます。

この「ネクスト設定」の段取りは、多くの営業が考えている以上に大切なイベントです。特に、テレワークやオンライン会議や商談がスタンダードになった今、お客様はあなたとの打ち合せと別の会社との次の打ち合わせまでの隙間時間が、ほとんどない状態です。次々に新しい打ち合せに参加するたびに、緊急の仕事やタスクが増え、私たちの営業内容の重要性や緊急性が薄れていくのです。

そして、恐ろしいことに温度感が下がるのはお客様だけではありません。残念ながら私たちも、時間がたつと「そのお客様の課題解決に向き合う情熱」は冷めていきます。

きれいごとで「目の前のお客様に百パーセント打ち込め」と言うのは簡単ですが、実際にモチベーションをコントロールするのは難しく、優先順位という便利な言葉でごまかしがきくのです。

「鉄は熱いうちに打て」という言葉があるように、その商談中かもしくは当日中にはネクストステップを設定し、お互いが「優先度の高いイベント」としてのスケジューリングを行いましょう。

加えて、商談相手に社内で何か行動を取ってもらう必要があるなら、その行動をサポートするための議事録作成や社内展開用資料の提出、メール文面の作成といった、「社内営業の代理業務」を果たすことでスピーディな行動を促せます。

この段階にまでくれば、商談相手はある意味、「パートナー」でもあります。正式な提案書を作る以前に、こうした資料作成を代行したほうがよほど効果を望めます。

(4)「鶴の一声」で白紙に戻させない決裁者コントロールの仕方

丹精込めて仕込んだ重要案件が、「鶴の一声」で振り出しにもどる……。営業をしていればこのようなシーンに出くわしたこともあるでしょう。

正直、このパターンをゼロにするのは難しいです。しかし、ちょっとしたテクニックと考え方で予防線を張ることはできます。

そもそも、なぜこの鶴の一声が起きるのかといえば、「営業が決裁者や上位役職者と接触できてない」「決裁者の意向（会社の方針）を押さえてない」という2つのケースがほとんどなのです。自分がコントロールできない範囲で意思決定をされているから鶴の一声になるわけです。

基本的にこの鶴の一声を予防する方針としては

- ☑ 決裁者や意思決定者に、商談プロセスのどこかの場面で会えるようにお願いする
- ☑ 鶴の一声が発せられる前に情報が入ってくるような〝味方〟をつくっておく
- ☑ 万が一、鶴の一声が出たら営業と味方してくれるお客様で全力で阻止する

これくらいしかできることはありません。しかし、こうした対処をしている営業パーソンもほとんどいないので、取り組む価値は十分すぎるほどあります。

では、具体的に導入推進者と商談するなかで、上位役職や意思決定者を商談の場に出てきてもらうための、トーク例を紹介します。

トーク例①

営業「Aさんは導入を進めたいと思いますか?」
担当者「ぜひ真剣に検討していきたいですね」
営業「ありがとうございます。ちなみに、Aさんが意思決定する方に提案したらどんな反応をされますかね?」
担当者「○○という反応をすると思います」
営業「もし意思決定者にご理解いただけなかったら、先ほどの私の説明のようにお話ししていただけますか?」
担当者「ちょっと難しいですね……」

営業　「であれば、Ａさんと私で一緒にご提案させていただくほうがよさそうですね」

トーク例②

営業　「意思決定される方は、導入の判断において普段どのような点を気にされますか？」

担当者「本当に成功した事例があるかとか本当に効果があるのか、ですね」

営業　「事例や費用対効果ですね。ならば、突発的な事例の質問が出てもすぐに答えられるように、私もその場にいたほうがＡさんの印象を悪くさせないで済みますよね？」

担当者「確かにそうですね。お手数ですが、お願いできますか？」

営業　「しっかり準備いたします！」

トーク例③

営業　「意思決定される方は普段、意思決定する際に実際の商品や利用イメージを持ったうえで判断されますか？」

担当者「そうですね、実際に見てみないと良さがよくわからないということは多いです」

営業「では、デモ環境を御社で利用するシーンに合わせて設計いたします。御社がやる／やらないを判断できるように準備しますので、関係者をお集めいただけますか？」

担当者「わかりました、調整します」

このように、商談相手をいかに「パートナー」にできるかがカギになります。

私の場合、課題設定ができた商談では「プロジェクトネーム」をつけています。「チーム○○構想」とか、「チーム○○プロジェクト」など、タイトルは何でもいいですが、わかりやすくてなおかつお客様に名づけてもらえたらベストです。

「こんなことで……？」と思うかもしれませんが、プロジェクトネームがつくと商談が盛り上がりますし、距離感が一気に縮まり〝プロジェクトの一員〟という構図ができます。

お客様にとって「自分たちの問題を解決するチーム」に、位置づけが変わるのです。

そんなちょっとした意識変化が、この後に来る提案書の作成や、プレゼンテーションの場面では大きな効果を発揮します。

大勢が参加する場所でプレゼンテーションをする際に、その場に「パートナー」がいてくれたらどれだけ心強いか、容易に想像がつくでしょう。

ほかにも、あえて手続きを増やす覚悟で、守秘義務契約を結んでお客様のチャットグループに招待していただくこともあります。守秘義務契約を結べば「情報を出せる人」に変わりますし、チャットでコミュニケーションが取れるので身近な相談相手になれます。

ちなみに、提案前からお客様とチャットで気軽にコミュニケーションが取れるような関係になると、提案内容が要望からズレるギャップは、ほとんど生じません。資料を作成しながら方向性とのズレをそのつど確認できるからです。

上司に提案内容を確認してもらうのもいいですが、お客様に細かく確認してもらえたら最高のチームワークが生まれます。そんな関係性が築ければ、営業成果のコントロール度合いは、かなり高まるでしょう。

第5章

コアセールス

見込み案件を「当然のごとく」攻略する

お客様にとっての理想の購買とは、
課題解決に繋がる最適な商品を導入して
「今よりもっと便利になる」ことです。

営業の提案次第で、お客様には素晴らしい未来が生まれます。
だからこそ商談の後半戦では、妥協なき営業活動を貫いてください。
提案内容には絶対に嘘やごまかしがあってはいけません。
クロージングとは相手ではなく、自分の心にするものです。

そして、お客様の「買わない理由」がなくなれば
契約という結果は当然のように付いてきます。

「企画作成」「プレゼンテーション」そして最後の「クロージング」。
商談の後半（コアセールス）のノウハウをお伝えしましょう。

意識決定における最大のブレーキ「現状維持バイアス」

もし、あなたが自宅で使う仕事用デスクが欲しいとします。予算はおよそ3万円です。この場合、どのようにデスクを選んで購入しますか？

恐らくあなたは、家具店を訪問するかECサイトなどを検索して「比較検討」し、選んでいきますよね。その際、たとえ金額が3万円だったとしても、最初に目に入った机を衝動的に買うことは少ないのではないでしょうか。

これが100万円、1000万円、1億円だったらいかがでしょう？　絶対に失敗したくないあなたは何度も念入りにリサーチし、比較検討し、商品を選んでいくはずです。

同じように、商品を導入したいと考える企業は、「自社に最も合う商品は何なのか」「本当に買って問題ないのか？」という疑問に、関心ごとが移ります。

そこで、コンサルティングセールスプロセスの後半にあたる「コアセールス」で重要になるのが「競争優位性」と「実現性の証明」です。

ここで競争するのは、必ずしもライバルとは限りません。むしろ、最も導入の意思決定にブレーキをかけるのは「現状維持がいちばん安心」というバイアス（偏見）です。

新規の購買では、替えて失敗するリスクを恐れて「今までのやり方を続ける」という決断が多くなります。この障壁を取り除くために、提案、シミュレーション、活用（成功）事例、デモンストレーション、ＦＡＱといった、「導入したら便利になる」という可能性を示して、お客様に納得してもらう必要があるのです。

企画作成――課題決定のデザイン

〝いい提案書〟には型があります。お客様に納得して購買に移っていただくには、次の4つの観点が提案書に含まれていなければなりません。

①顧客の課題を解決する提案になっていること
②顧客の提案評価基準の中で優位性を示せる提案であること
③課題解決の道筋や手順が一連のストーリーとして理解できること
④合理的（実現性の証明・競合優位性）で、わかりやすいこと

この4つの観点に従って資料が作られていないと、お客様にとっては「買わない理由」が残っていることになります。

では、この4つを盛り込みつつどのような構成で提案書を設計するか。各ページに取り入れるべき要素は何か、具体的な作成方法について紹介します。セレブリックスで推奨している提案書の構成は次ページの【図表33】のようなものです。

この構成や流れを意識しつつ、提案書作成のポイントを解説していきます。

図表33 提案書にはどんな「流れ」と「構成」が必要か?

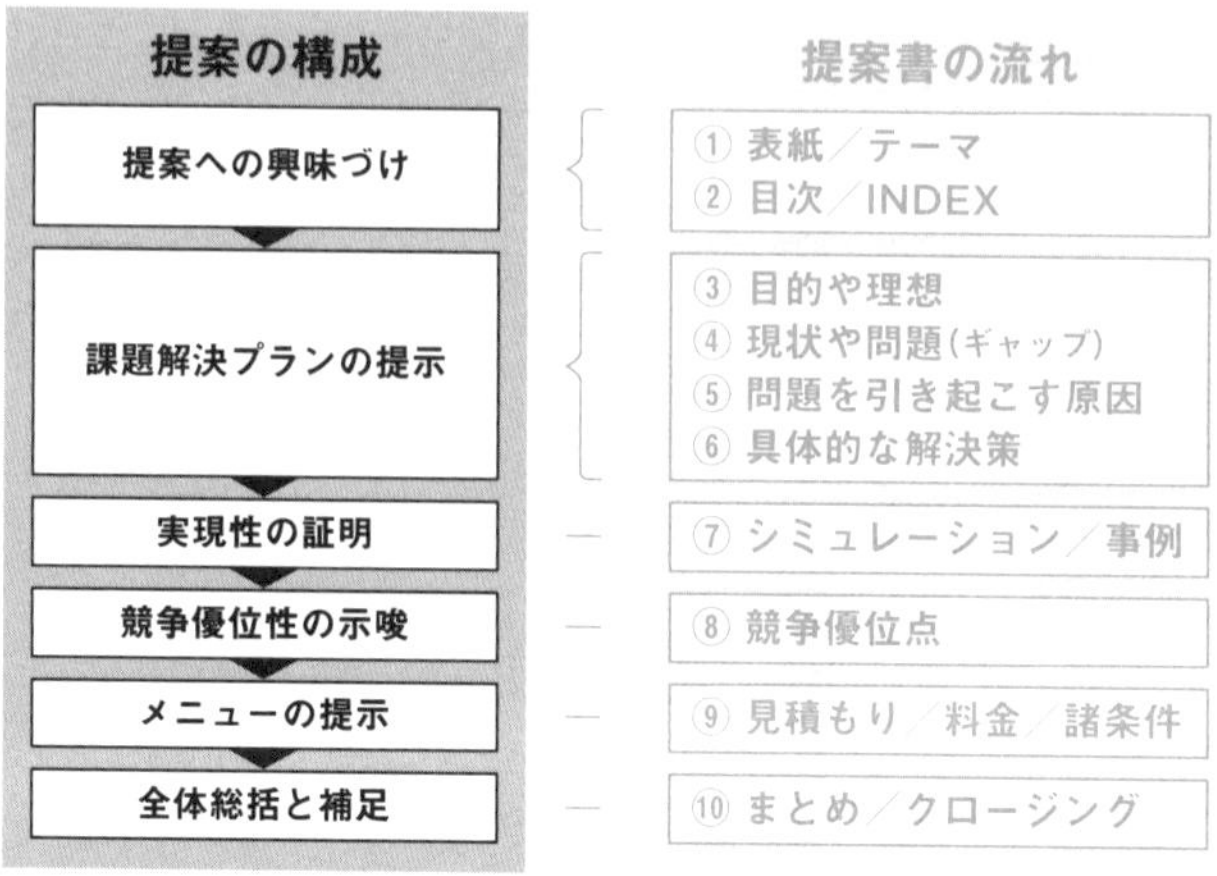

提案の構成	提案書の流れ
提案への興味づけ	①表紙／テーマ ②目次／INDEX
課題解決プランの提示	③目的や理想 ④現状や問題（ギャップ） ⑤問題を引き起こす原因 ⑥具体的な解決策
実現性の証明	⑦シミュレーション／事例
競争優位性の示唆	⑧競争優位点
メニューの提示	⑨見積もり／料金／諸条件
全体総括と補足	⑩まとめ／クロージング

(1) お客様は提案書の「タイトル」だけでも導入を決める

まずタイトルでは「キーメッセージ」を伝えます。タイトルとはすなわち、お客様にとっては「ゴール」そのものです。最も関心のある話題でなければいけません。

大袈裟に聞こえるかもしれませんが、過去に私が提案したお客様に「タイトルを見た時点で、何らかの発注をお願いしたいと思いました」と言っていただいたくらい、タイトルのネーミングは重要です。

例えば「セキュリティ強化の提案書」というタイトルがついていたらどう思いますか。

印象が弱く、相手を惹きつけられない気がしませんか？　何より「汎用な資料感」が強くて、お客様のためのメッセージとしては弱く感じられます。

もうひと捻りして、お客様にとってのメリットを加えて「異物混入対策と侵入抑止を強化し、食品企業としての信頼を守るご提案」とつけてみました。いかがでしょうか、何を実現する提案なのかが明示されて、シャープなイメージが加わりました。

しかし、まだ「ありがち」と言われればその通り。特別感が足りない印象です。

そこで、このメッセージを言葉遊びするように変換したり、手を加えていきます。セキュリティを強化してお客様が目指したい姿は何なのか、お金をかけてリスクを防止するということは、結局のところ消費者にどのように思っていただきたいのか……？

大局観や異なる角度からモノを見て想像力を働かせます。そうすると、

安全・安心と聞いて、お客様から一番初めに想起される会社へ
～消費者からの信頼獲得とリスクコントロールをセキュリティで実現する～

このようなタイトルがつけられました。いかがでしょうか？　タイトルを聞いたときに

「選ばれる」「頼られる」といった前向きなエネルギーを感じませんか? このように、言葉の選び方ひとつで、お客様の認識はずいぶん変わるのです。

言葉を選ぶ際に、ありきたりな表現に頭を悩ませたら、ネットで「○○ 言い換え」と検索することをオススメします。このひと手間を加えるだけで、奥ゆきのある耳に残るキーワードと出合えるかもしれません。

(2) 提案書のストーリーは「起〝転〟承結」で構成する

さて、タイトルが決まったら、次の構成は課題解決プランの提示です。お客様が「商品を導入して成功する物語」を理解しやすいような展開で示します。

ここでポイントになるストーリー展開の基本は、起承転結ではなく「起〝転〟承結」で進めることです。

一般的な文章構成は起承転結で、起こした話題を承(う)けて話を発展させ、その前提を一転させて展開を変え、話をまとめて結ぶという流れになります。しかし、提案書の場合は目的を起こして、早い段階で「転」による問題提起があったほうが、その問題に対する話の発展や商品導入の動機づけを結びつけやすいのです。

- ✓ 起……お客様は◯◯を目指すべきだと考えます
- ✓ 転……ところが、今の状態のままだと実現できません
- ✓ 承……なぜなら、問題を引き起こしている要因は〇〇だからです
- ✓ 結……そのため、商品（サービス）を導入して改善を図りましょう

こういった順番です。早い段階で聞き手に〝危機感〟を抱いてもらったほうが退屈せずに集中して話を受け入れてもらえます。

ここまで辛抱してようやく、何を使って、どのような取り組みを行うのかという「商品提案」を行います。この以前に商品提案をしてしまうと、課題解決の物語という全体の流れが歪になってしまうからです。

加えて、「何に対する対価なのか」が定まらず、単純な価格だけの印象を持たれやすくなってしまいます。

ただし、会社情報のピッチと同様に、ここでも長々とした説明や分厚い資料が「本当に必要かどうか」を自分に問いかけましょう。

前述したように営業とは「情報加工業」でもあります。商品の機能や特長をすべて説明するのではなく、その企業に必要な「贅肉をそぎ落とした状態」にして、シンプルなメッセージにしていきます。

なぜなら、お客様が不必要な情報に触れたとき、「今は導入を決めない」という望まない選択肢を与えてしまうことになるからです。

(3) 商品を導入した未来を「見える化」する

続いての構成は「実現性の証明」を組み込んでいきます。商品を導入したらどのように便利になるのか、本当にうまくいくのか、「可能性を見える化」させるのです。

例えば、導入シミュレーション（便利になる様子を定量的に表現した資料）を用意したり、顧客事例を活用して、成功イメージや利用方法を疑似体験してもらうのもいいでしょう。お客様の仮想利用環境を作成した製品デモを用意して、実演するのもひとつの手です。

このステップでお客様の不安感を拭えなかったり、納得感を持たせることができないと、お客様は「買わない理由」を抱いたまま商談を進めることになるので注意が必要です。

次のステップでは、自社商品の「競争優位性」を示すコンテンツを用意します。

ただ、ここでの競争優位性とは、ライバル商品に対して優れた機能を列挙するのではありません。あくまでお客様の課題とフィットした優位点に〝絞って〟伝えます。なんでもできるは、何もできないのと一緒です。情報を限定するのは勇気がいりますが、機能や特長をすべてさらけ出すのではなく、「マッチングさせる」意識を持ちましょう。

また、法人営業の場合、意思決定の利害関係者は目の前にいる商談相手以外に不特定多数が存在します。資料は「社内回覧」されることを前提に、知りたい情報にたどり着きやすいこと、各ページの重要なメッセージが一目でわかること、第三者が見たときにわかりやすい図解や表現が記されていることを意識してください。

最後に提案書をチェックする場合のポイントを紹介します。基本的には、ピッチ資料を作成するケースとそう変わりませんが、一貫性を持たせるために、接続詞でページを繋げることができるか確認しましょう。

急に話が飛んでいないか、辻褄が合わないい場面はないか、違和感がある場合はプレゼンテーションの「流れ」が悪い証拠です。

なお、商品によっては必ずしも個別に提案書を作ることが正しいとは限りません。課題解決を示すうえで、汎用資料や見積りで契約がとれるのであれば、それで十分です。取り扱導入したほうが便利になるという「可能性を見える化」を実現しようとしたときに、必要かどうかを判断すればいいのです。

本書は、買わない理由をなくすために、セールスプロセスを「意図して」細分化しています。営業するうえで不利にならないのであれば、プロセスを増やす必要はありません。

(4) 選ばれる見込みがない提案書は「作るだけムダ」

提案書を作るうえでで「選ばれる見込みのない提案書ならば作るだけムダ」とバッサリ

切り捨てさせていただきます。

というのも、営業のなかには「提案書って絶対に作るものでしょ?」という、単なる作業として行っている人が多いからです。

残念ながら、受注の可能性が考えられない企業に提案書を作成するのは時間のムダです。

「顧客の本質的な課題解決につながるか」

「実現性の証明や競争優位性を担保できるか」と、十分に考えたうえで、提案書作成に進まなければ意味がありません。

もし、お客様にニーズがあるのに選ばれる提案(企画)が作れない状態であれば、

- ✓ 顧客に選ばれる要素を持っているパートナーやコンテンツと組み合わせる
- ✓ 勝つための準備や素材集めでお客様や関係部門に調査/ヒアリングを行う
- ✓ 課題を握り直す(提供できることや、やり方が限定されている場合)

などを実施して、「企画が選ばれる状態」を想定して作成に着手するのがいいでしょう。

それでも企画作成ができない場合は、思いきってプロセスを戻し、自社が勝てる情報収集から再考するべきです。

また、こうした話をすると「商談の最初から提案書を作成し、具体的なイメージをもっていただいたほうが議論しやすい」と言う人がいます。

もちろんケース・バイ・ケースなので、提案をベースとして商談が前進することもあるでしょう。私も、オンライン商談ではむしろ資料やコンテンツを主役に営業するスタイルを推奨しています。

とはいえ、判断を仰ぐための「完成版資料」と思われないように、議論を深めるためのディスカッション用のシートを用意したり、または、暫定案の資料という見せ方をしたりして、工夫するのもひとつの手です。最初に提案書を出す商談では、まだファクトファインディングが十分にできていないことを忘れてはいけません。

いずれにしても商談で活用する提案書や資料といったコンテンツは、お客様の意思決定をスムーズにするためのツールです。状況に応じて、お客様の購買体験を最適なものにするために必要なツールを届けることを意識しましょう。

プレゼンテーション――最適な提案

コンサルティングセールスプロセスも、残すところあと2つです。続いてはプレゼンテーションについて解説します。

言うまでもありませんが、プレゼンテーションとは「最適な提案」のことです。顧客の課題や解決策を「見えるかたち」で提示します。

(1) プレゼンは「誰にするか」で内容が変わる

プレゼンテーションをするうえで最初に意識すべきなのは、相手によって想定している課題や関心事が異なることです。

営業が対峙するのは基本的に推進者（キーパーソン）となりますが、企業規模のお客様や意思決定フローによって、登場人物が異なります。プレゼンテーション自体も一度で終わることもあれば、参加者を代えて再び行うこともあるでしょう。

「誰」を対象に、「どのような目的」で実施するかによって、プレゼンテーションにおけるスポットライトの当て方が変わるのです。

商談前には必ず、誰が参加するのか確認をとっておきましょう。特に立場が異なる大勢の利害関係者が参加するプレゼンテーションの場合、次ページの【図表34】のように、利害関係者ごとの課題や関心事を把握しておいてください。

そのうえで、商談相手である「パートナー」には意思決定において誰が特に重要なポジションなのかを確認し、重点的に〝口説く〟意識を持ってその場に臨みます。

実際のプレゼンテーションの場では、顧客を不安にさせない、疑問点を溜めさせないようなコミュニケーションを心がけます。

小さな疑問や不満を解消せずにプレゼンテーションを進めてしまうと、お客様の側に「買わない理由」が複雑に絡み合って、解きほぐすのが困難になってしまうのです。

図表 34 参加者によって「関心事」と「必要な商談マインド」が変わる

人物	参加目的	主な関心事	必要な商談マインド
決裁者 (意思決定ボード)	意思決定に関わる情報収集	会社全体およびビジョンにおいて、その商品が ・必要な投資か ・利益はあるか ・緊急度が高いか	企業全体にプラスとなる内容を、実現可能性と競争優位性を交えながら伝える
助言者	意思決定の助言に関わる情報収集	自身の管掌範囲において、その商品が ・必要な投資か ・利益はあるか ・緊急度が高いか	論理的整合性を交えて、これを行った方がよい理由を示す
推進者 (キーパーソン)	提案内容の再確認 社内導入の推進	・本当に必要か ・出席者の反応 ・今後の進め方	商談の理想的な進行とゴールを事前に共有する
運用者	運用フローに関わる情報収集	自身の管掌範囲において、その商品が ・必要な投資か ・利益はあるか ・運用できるか	実際の利用企業での活用事例や運用TIPSを伝える
利用者	使い方の情報収集 実際の使用感の確認	・使いやすいか ・あったら便利か ・この商品が望ましいか	デモ画面などを共有して、実際に触れてもらう
監査者	セキュリティなどの情報収集	・セキュリティ面に問題はないか ・チェックが簡単か	セキュリティやシステム面での強さを裏づけるデータを用意する

提案書の一ページずつに疑問点がないかを確認するほどの細かさで、相手の納得感をつくりだす場であると意識して臨みましょう。

(2) プレゼンの流れも「起転承結」で構成する

プレゼンテーションの内容の流れは、基本的には提案書が課題解決のストーリーとして作られているので、その流れは変えないほうがいいでしょう。提案書と同じように、起承転結ではなく「起〝転〟承結」というストーリー構成で話を進めて、早い段階で問題提起をします。大きな流れについては【図表35】を参照してください。

提案書と異なるのは、提案内容に関して気になることや疑問点がないか、質疑応答やディスカッションの場を設けることです。

このとき「何か質問がありますか？」と聞くだけでは本音は出てきません。

「導入して実際に利用するとしたら、現時点で不安に感じることはなんですか？」

「現段階では、意思決定をするうえでどんな障害がありますか？」

図表 35 理想的な「プレゼンテーション」の流れとは？

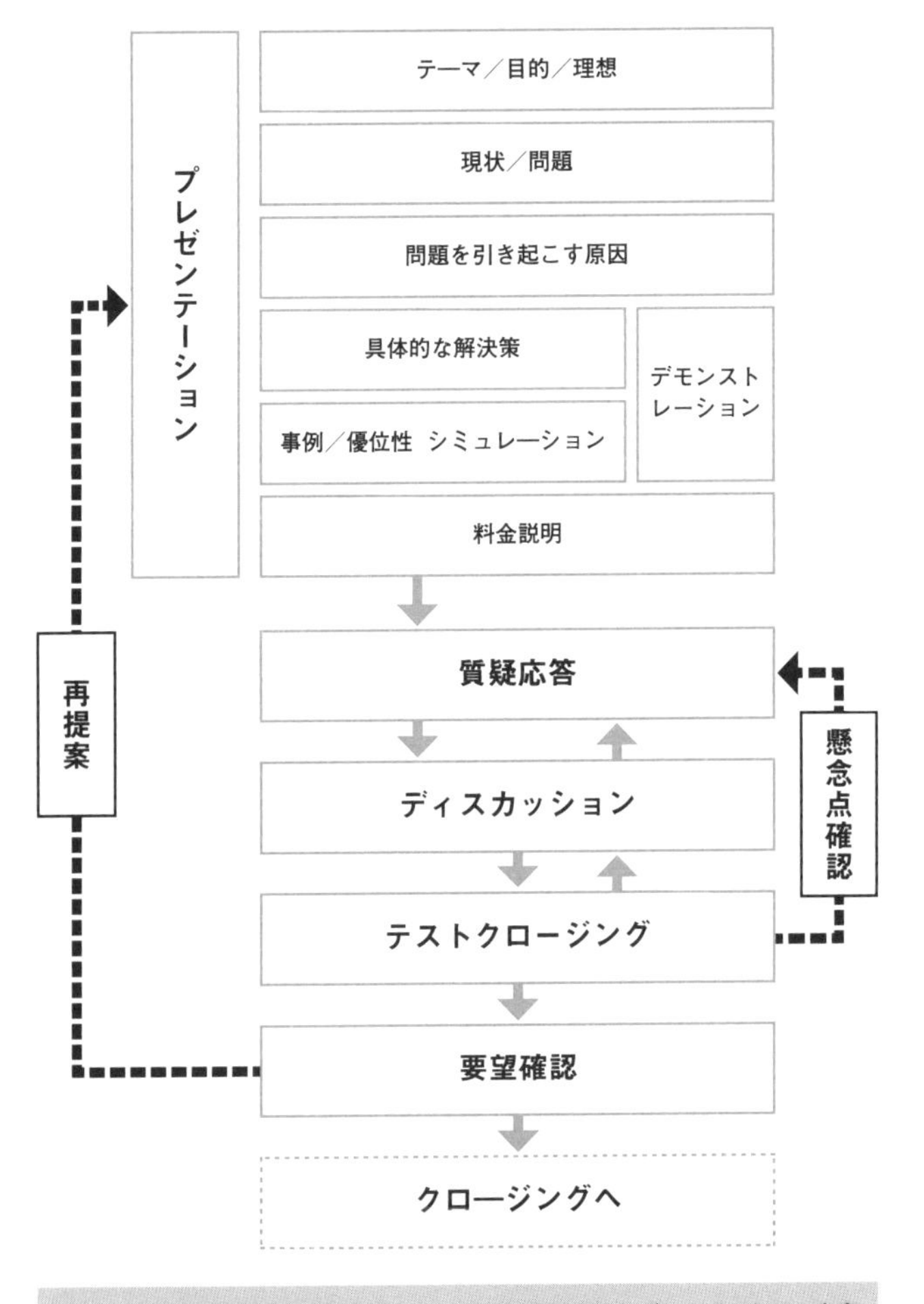

基本的には提案書と同じ構成で進める。その後、質疑応答とディスカッションを実施して反論対応をした後にテストクロージングを行う。新たに懸念が発生した場合は再度質疑応答とディスカッションを繰り返す

そのように、できるだけ具体的な内容を聞いていき、プレゼンテーション参加者の心配ごとや頭の中を覗くように仕掛けていきましょう。

(3) クロージングよりも重要な「テストクロージング」

プレゼンテーションも仕上げです。実は、案件の受注確度を決める〝仕上げ〟は、クロージングではなく、プレゼンテーションの最後に行う「テストクロージング」だと言えます。

なぜなら、プレゼンテーションを経て「買わない」と意思決定されてしまうと、その後のクロージングで状況を反転させるのが困難だからです。だからこそ、このテストクロージング対策は決定前に講じなければ意味がないのです。このテストクロージングは商談における総仕上げの気持ちで臨んでください。

このテストクロージングで行うべき「仕上げ」の内容とは、

- ✓ 商談相手が現時点で「導入したい」度合いを高める
- ✓ 今後の意思決定のステップを把握する
- ✓ この後に発生する可能性のある導入障壁を把握する

という3つになります。

具体的なテストクロージングのやり取りを、営業と担当者のトーク例を通して見ていきましょう。

トーク例

営業　「この提案を受けてみて、〇〇様は導入したいと思いましたか？」

担当者「はい、ぜひ導入したいと思いました」

営業　「ありがとうございます！　ちなみに導入の可能性は何パーセントくらいですか？」

担当者「そうですね、80%くらいですかね」

営業　「そうでしたか。では、20%足りない理由はどんな点が考えられますか？」

この後の「仕上げ」の流れは、決裁者と直接商談を希望するか／しないかで、2つのパターンに分かれます。まずは「直接商談を希望する」場合のトーク例です。

トーク例

担当者　「私としては推進してみたいと思うのですが、社内で確認してみないと１００％とは言えないですね……」

営業　「そうですか。ちなみに、どういった方に確認されるのですか？」

担当者　「役員ですね、役員会で決議されます」

営業　「そうなのですね。では、例えば役員会で少しお時間をいただいて、私に提案させていただくのは可能ですか？」

次は、「直接商談は希望しない」けれど、間接的に意思決定をコントロールする場合のトーク例です。

トーク例

担当者「私としてはいい提案だと考えているのですが、上司がどう考えているかが掴めてないので……」

営業「そうですか。ちなみに、普段、上司の方はどのような点を気にされますか？」

担当者「そうですね。導入後に本当にうまくいくかということと、過去事例を気にしますね」

営業「かしこまりました。では、社内検討の進め方としては、私が説明するのと○○様が社内説明するのでは、どちらが進めやすいですか？」

担当者「自分だけのほうがスムーズだと思います」

営業「であれば、○○様が社内で上申するためのシミュレーションと事例を盛り込んだ資料を用意させていただきます。ちなみに上申はどんな場面で実施されますか？」

担当者「マネージャー会議です。15分くらいで説明することになります」

営業　「承知しました。時間内で要点が説明できるような資料を作成します。仕上がったらご説明するお時間を15分ください。よくあるご質問の回答なども共有します」

このようなイメージです。優れた営業パーソンは、お客様が稟議に使う補足資料や上申資料を代わりに作成して、受注確度をコントロールします。

本書の冒頭でも説明したように、営業とはお客様の買い物（購買）代理や社内営業代理の役目を果たすことなのです。

(4) 〝諸刃の剣〟になる「無料体験」の正しい活用法

企業によっては、プレゼンテーションのタイミングや実施後に、「無料トライアル期間」や「デモンストレーション」などプロセスの体験を入れることがあります。お客様に「導入するならこの商品がいい」と感じていただくには、「いい体験」をしてもらうのがお手軽なのは間違いありません。

一方で、売り手にとっても買い手にとっても目的のない体験プロセスは、意思決定の方向性を迷走させます。

よくあるのが無料体験の〝バラ撒き〟です。誤解のないように説明すると、マーケティング施策の「フリーミアム戦略」（無料で基本サービスを提供し、その後は高機能やアカウント数に応じて有償化、課金させるビジネスモデル）を否定しているわけではありません。もともと有料の商品を、「無料だからとりあえず使って」と訴求しても意味がないという話です。

必要性を感じていないお客様は無料であっても体験しようとはしません。それなのに商談のたびに無料アカウントを発行してバラ撒きを繰り返すのは、時間のムダです。

無料トライアルという武器は、お客様が「実際に使ってみないと判断できない」「他社製品と使用感を比べてみたい」というケースだからこそ使える、情報加工によるアウトプットのひとつだと考えましょう。

加えて、無料体験が招く迷走は次のようなリスクにも繋がります。

「試しにアカウントを作ってもらったけど、社内の誰も使わなかった」

「本契約をしても同じことになりそうだ」

「試しに1週間利用したけど、目立った成果が出なかったから買う必要はない」

これらはお客様の「苦い記憶」となります。受注確度を高めたり、商談をコントロールするための施策が、諸刃の剣となって悪影響を及ぼすのです。


では、この無料トライアルはどのように進めると、「いい体験」にできるのでしょうか。

ひとつは、無料で「試す」ことをしっかり握ることです。あくまで導入検討のために、意思決定に必要な検証を行う試用期間だということを、お客様に約束していただきます。

続いて、実験して使用する利用者を「必要以上に増やさない」ことです。利用者が増えれば増えるほど、お客様も営業パーソンもコントロールが利かなくなります。

最後に、本導入をしたときのように利用者にオンボーディング（利用の手ほどき）や定期観測を実施することです。


例えばＩＴ系サービスの場合、ユーザーは少なくとも短期間で3回は利用しないと日常業務の習慣行動に加わりません。習慣化するまでは、その多くの行為が「手間」という認識をされます。

「いい体験」をつくるには、少なくとも初動のサポートや自走するまで営業がフォローして、ユーザーにとって「手間がかかるサービス」ではないようにする必要があります。もちろん、試用期間中には定期調査や定期アドバイスをして、ポジティブな声を回収することも忘れてはいけません。

同じように、デモンストレーションで疑似体験を提供する手法があります。

実際の商品を見たり触ったりして、「いい体験」を提供できれば文句なしですが、デモンストレーションで発生しやすい迷走は、「これじゃない感」です。お客様が体験したり営業が利用方法を説明したりしているうちに、「ウチではどこで使えるんだろう」とか、「このデモ環境は私たちの業務とは違うからな……」といった、場違いな印象や不適当な体験を与えてしまうと、それがそのまま「買わない理由」になってしまうのです。

しかも、そういったネガティブな感想は商談中のお客様の口から発せられません。営業の前では「なかなかいいですね」などと当たり障りのない感想を言いつつも、心の中では「やっぱりやめておこう」と決めてしまうのです。

デモンストレーションをするなら、お客様が実際の利用シーンを想像しやすくなるように、日常の仕事に溶け込む環境を用意したり、言葉による説明が大切です。

体験という営業プロセスは、とりあえず利用させることではありません。必要な人に、目的を明確にしたうえで体験してもらうということを忘れないでください。

クロージング——意思決定の後押し

「今回はいい買い物をしました。実際に利用するのが楽しみです」

このように言っていただくのが、クロージングの理想形です。

コンサルティングセールスプロセスにおける最後の行程であるクロージングは、「意思決定の後押し」と定義しています。お客様が納得いく決断をするためには、あらゆるサポートをします。

(1) 営業にとっては大イベントでも、お客様には「タスクのひとつ」

では、意思決定をサポートするために営業が取るべき行動は何でしょうか。大きく次の4つがあります。

- ☑ 導入時期の仮決定と、そこから逆算して結論を出していただくスケジューリング
- ☑ お客様の疑問点や不安点の解消
- ☑ お客様から提示される条件（価格・納期・体制）に対する調整や交渉
- ☑ 結論の回収

とはいえ、クロージングはほかの営業プロセスに比べて、受失注の影響力はさほど大きくありません。クロージングに至るまでの段階で、お客様が営業パーソンからの提案を最適だと感じているようであれば、このプロセスでは「調整」の意味合いが大きくなります。

ただ、クロージングでのコミュニケーションや交渉に失敗すれば、検討が白紙に戻ることもあります。企業によっては受注を獲得するためにも様々な条件（与信など）を示さなければいけませんので、注意が必要です。

「終わりよければすべてよし」という言葉があるように、クロージング時に見せるエチケットや作法がすべてを台無しにすることだってあります。

例えば、営業の都合で期限内の回収を迫ったり、何度も結論回収の連絡をするのもそのひとつです。

導入が決まると、決まったお客様との連絡は気分が高まり、非常にコミュニケーションを取りやすいのですが、進捗状況が悪いケースでは連絡が滞りがちになります。購買者にとっては商談の検討は数あるタスクのひとつであることが多く、「忘れている」ことがあるからです。このあんばいが非常に難しいのです。

もしお客様からの連絡が遅れたら、催促をするのではなく、あくまで「多忙なお役様をサポートする」という意識で確認をとることです。そのうえで受注まで着実に仕上げる意識を持って進めてください。

推奨する進め方としては、クロージング時に「ご検討状況を確かめる連絡は差し上げてもよろしいですか？　その際は電話やメールであればどの方法がよろしいですか？」と、定期連絡に対する合意を得ておきましょう。

また、会社でＳＮＳの利用が許可されているのであれば、商談後にお客様に繋がり申請をするのもいいでしょう。お客様の投稿に反応を残すだけで、お客様から連絡が来ることがあるからです（これは本当によくあります）。

(2) 安い商品のほうがクロージング後クレームになりやすい？

クロージングとは、押し売りしたり強引に結論を促して買わせることではありません。営業が目指すクロージングは、「説得」ではなく「納得」です。お客様にとってこの２つは大きく意味が異なります。

説得によるクロージングはトラブルのもとになります。お客様が「買わされた」、もしくは「断れなかった」といった違和感を残した状態で契約すると、後々に取り返しがつかない大クレームに発展することがあるのです。

様々な商品を営業代行してきたセレブリックスの経験則を述べると、「低単価商品のほうが導入後のクレームが比較的多い」という傾向にあります。

同じように、継続利用を前提とした商品と売り切りの商品では、売り切り商品のほうがクレームに発展しやすい印象を受けます。

なぜ支払金額が低いにもかかわらず、クレームの量は多くなるのでしょうか。考えられる要因は、単価が低いものほど商談をその場で即決させたり、決断を迫ったりするような「説得型のクロージング」が多くなるからです。

無理やり買わされて喜ぶお客様などいません。クロージングは手を添えるように「お客様の意思決定をサポートする役割」に徹しましょう。

もうひとつのよくあるトラブルは、担当窓口を飛び越えることで発生するクレームです。営業側にとって、思ったように商談が進まないことは多々あります。こうした状況を打破するために、担当者や推進者の上司に直接コミュニケーションを取りたくなることもありますが、想像力を持たずに闇雲に取り組むと痛い目に遭います。

お客様によっては、この飛び越えたコミュニケーションを不愉快に感じる度合いも異なります。これまでのコミュニケーションで築いた関係性をムダにしないでください。

(3) 失注した場合の「正しい爪痕の残し方」

「失注歓迎」――これは、失注を喜べという意味ではなく、失注を受け入れようという意味です。

営業がいちばん向き合いたくない「失注」という現実。自分を否定されたようで「ツラい」と感じてしまうこともありますが、どう捉えるかによって、企業と営業パーソンの成長の速度が圧倒的に変わってきます。

前述した通り、私から言わせれば、失注は「宝の山」です。失注の理由や原因を捉えることができれば、同じ理由で失注する可能性を減らす対策が取れます。冒頭でもお伝えしましたが、「買わない」を科学することで、成功の再現性が高まるのです。

失注で大切なのは「精査」して同じ失敗をしない機会に変えることです。

お客様から「買わない理由」を集めるには、直接訪問をしたり電話をかけたり、アンケートフォームなどいくつもの手段があります。

これらは適宜使い分ければいいのですが、重要なのは「お客様から買わない理由を聞く合意」を事前に取っておくことです。

お客様にとっては購買イベントや検討イベントが終わると、選ばなかった企業への関心は一気に薄まります。その段階で「なぜ当社の商品を買わなかったのですか?」とヒアリングしようとしても、答えてもらえないケースが多くなります。

だからこそ、コンサルティングセールスプロセスのなかの「プレゼンテーション」の場面で、事前に合意形成を図ることをオススメします。

「今回ご検討いただくうえで、もしお見送りや別会社を利用される場合はその理由を教えていただけませんか? 時期を改めての提案や、御社に定期的にお届けしたい情報を知るためにも、ぜひご協力をお願いします」

そんな一言があるかどうかで、お客様の回答率は変わってきます。

こうした「買わない理由」をこまめに集めて営業戦略や営業戦術に反映させることが、成果のコントロールに繋がっていくのです。

第6章

アフターフォロー

あなたの「財産」になる顧客エンゲージメントの高め方

営業としての真の価値は、売った後に発揮されます。
しかし、営業組織によっては受注後に担当者が代わるケースがあります。

お客様が信頼したのは営業パーソンです。
役割は引き継げても、お客様が営業を信じて頼ったという事実は覆りません。
自分の提案に責任を全うするのが営業としての正義であり品位といえます。

営業にとって究極のアドバンテージとは何でしょうか？
それは、お客様にとっての「指名枠」を獲得することです。
困ったら最初に頼ってもらえるよき理解者であり、
相談相手になることが競争力を生みます。

そのためには信頼されなければいけません。
しかし、信頼は一日では醸成できません。
営業は売ってからの関わり方で「特別」になれるかどうかが変わります。

「何かあったら最初に相談される」という無敵のポジション

顧客エンゲージメントとは、お客様との信頼関係のことを指します。婚約指輪のことをエンゲージ（メント）リングと言いますが、売り手（商品提供者）と買い手（商品利用者）の「絆」の深さを表す用語だと理解してください。

では、売り手と買い手のエンゲージメントは「何をきっかけ」に深まっていくものでしょうか。

最も重要なのは、カスタマーサクセス（顧客の成功）という考え方です。つまり、商品やサービスを買って使うことで「実際に問題が解消し、課題が解決された」という体験や実績を提供できているかどうかで、エンゲージメント具合は測れます。

カスタマーサクセスは、主にサブスクリプションやＳａａＳといった定額サービスや利用型サービスのビジネスを展開している企業で提唱される考え方です。

しかし、それ以外の企業では必要ないかといえば、そんなことはありません。提案した課題解決のプランや約束を期待通りに、もしくは期待以上の成果で応えることが、カスタマーサクセスの基本になってきます。

基本的にお客様は、「便利になる、問題を解決する」ために商品を買っています。すべての商品提供や営業行為が顧客の成功体験に基づいていなければなりません。カスタマーサクセスに繋がる提案をするのは、全営業パーソンにとって〝正義〟なのです。

顧客エンゲージメントが高まれば、営業パーソンは大きな恩恵を受けられます。

お客様にとって「特別」になれることが、最もわかりやすいアドバンテージです。「特定の分野で何か困りごとが出たら、誰よりも先に相談する」というポジションは、営業としては無敵です。

お客様の利用満足度が高ければ高いほど、リピート購入や顧客紹介に派生する可能性が高まります。

このように、顧客エンゲージメントが高まることは、営業にとっての実績や成果を高めることに繋がります。信用や信頼を獲得していないお客様への新規営業よりも、実績のあるお客様への営業活動のほうがわかりやすく労力や難易度も下がるはずです。

そして恐らくあなたも、大切な何かを購入する際は、周りの意見や口コミを参考にするのではないでしょうか？

口コミ重視という考え方はB to Bでも急速に浸透しています。ソーシャルセリングやリファラル営業（紹介営業）が注目されている現在の購買環境では、「いい噂」と「悪い噂」が営業成果に大きく影響するのです。

つまり、ご購入いただいたお客様にどのような体験を与えられたかによって、次の案件獲得や攻略を難しくすることも簡単にすることもできるのです。

「購買者を成功させる」という強い意志

私が営業をする過程で教わった言葉のひとつに、「法人営業の醍醐味は、選んでくれた購買担当者を昇進させること」というものがあります。

企業の問題点が「購買によって」解決されれば、購買担当者や導入推進者の評価にも繋がります。法人営業と聞くと、企業と企業のビジネスシーンや損益に関わる交渉ばかりが想像されがちですが、購買の意思決定や活用においては、結局のところ「そこに存在する人間同士が織り成すドラマ」があるのです。

自分が関わった購買担当者が昇格や昇進していくのは、なんとも味わい深いものがあります。お客様の働く環境が変わり、部署異動や転職した場合でも営業に直接連絡を頂だくというのもよくある話です。

営業成果をコントロールするための、ひとつの案件獲得経路として、購買担当者と関係を持ち続けるのは非常に大切な考えです。

そして何よりも、お客様にとって「意味ある存在」として、営業である私たちがお客様の記憶に残ることは、単純な業績や売り上げでは表現できない、やりがいやモチベーションに繋がります。

あなたもどうせ働くのなら、誰かの役に立ちたいし、必要とされたいはずです。

本来、営業とは購買者と直接接点が持てる立場にいるので、「介在価値」を最も身近に感じることができる職業なのです。

カスタマーサクセスを他人に委ねるな

本書もそろそろ締めに向かいます。そんなタイミングで強烈なことを伝えますが、購買者にとって商品を買うこと自体に大した意味はありません。

これまでの解説を台無しにするような発言ですが、これにはちゃんと意味があります。購買はイベントであり、活用するのは日常です。買うことで目的が達成されることはほとんどなく、購買は問題解決のための「きっかけ」にすぎないのです。

一方でカスタマーサクセスは日常に存在します。商品やサービスを導入して、実際に日常のビジネスにおいて問題や課題解決に繋げなければいけません。

しかし、お客様が購入を決めた途端、いざ本番というタイミングで売り手側の担当が代わるケースがあります。

最近では、営業活動も分業制や役割分担が進み、受注を獲得したらカスタマーサクセスを納品部門に引き継ぐというケースが増えてきているためです。

この分業制自体は、専門性や効率の観点から必要だと思いますが、分業化されたからといって営業がカスタマーサクセスから逃れられるかといえば、そんなことはありません。そもそも分業制とは「売り手側の都合」でそうなっているケースがほとんどで、お客様が望んだものではないからです。

営業と利用を「異なるイベント」「異なるプロセス」と分けて考えられるのは、売り手である営業だけです。お客様は購買から利用に至るまで、すべて一貫したプロセスのなかで動いています。

お客様は営業であるあなたの提案に対して購入を決めたのです。カスタマーサクセスの役目が引き継がれることを認めたわけではありません。導入を決めた後に担当制を理由に業務が引き継がれていく姿を、購買者は両手を広げて歓迎するはずがないのです（それが決まりだから仕方なく受け入れているだけです)。

業務を引き継ぐことが「当たり前」になってしまうと、この引き継ぎのプロセスでお客様の心を完全に置き去りにしてしまいます。顧客エンゲージメントはここですべてリセットされてしまう可能性があるのです。

営業の提案こそ「カスタマーサクセス」であれ

会社の決まりとして、現実的に営業パーソンが導入後の運用やサービス提供をできないケースもあります。この場合、私たち営業パーソンが意識すべきはどんなことなのか。

まずは、「お客様が便利になるようにサポートするのは、別部門の仕事だ」という発想はすぐに捨てましょう。

カスタマーサクセスはあなた(営業)の仕事です。お客様が利用する姿や便利になる姿を想像して提案し、委ねるものではなく〝繋ぐもの〟だと胸に刻んでください。

だからこそ、引き継ぎには細心の注意をしてください。単なる事務手続きのようなかたちで仕事が引き継がれたら、誰であっても不安になります。

お客様への引き継ぎは、受注後すぐに行うのではなく、段階を経て後任者が信用できるという状態になってから役割をスイッチしていくのがいいでしょう。

そのために、お客様との打ち合わせは念入りに行い、後任は誰が何を説明するかなど、役割分担やお客様への見え方にエネルギーを注ぎます。

営業パーソンが、社内の担当者に引き継ぐ際は、お客様に提案したときのように、丁寧に目的から問題課題、そして理想の状態を伝えておきましょう。

そして、先にもお伝えしたように、顧客エンゲージメントが高まるということは「営業のチャンス」でもあるわけです。

そういう意味では、仮に分業制であったとしても完全に引き剥がすのではなく、関心を持ち続け、定期的に関われるような環境を用意しておくといいでしょう。

おわりに　私の「Sales is」

ここまでおつき合いいただきありがとうございます。最後は営業ノウハウから離れて、今の私の気持ちを記しておきたいと思います。

私はセールスエバンジェリストとして大きな野望があります。それは、営業職の市場価値を高めるということです。

現在、日本では「新卒はとりあえず営業」というレッテルを貼られ、「修業の場」「登竜門」といったかたちで、適性や意向を無視した営業職への配属を余儀なくされています。

もちろん、営業スキルは汎用性があり、どのような職業にも応用が利く点は同意しています。しかし、本書で説明してきた「商談のコントロール」や「コンサルティングセールス」の実行は本当に簡単なことなのでしょうか？

もっと言えば、お客様の事業やビジネスを、よりよくするための提案を行う営業職は、本当に誰でもできる「とりあえず配属」が正しいのでしょうか？

私はそうは思いません。

営業は「専門職」であり、「技術職」です。商品を活用した課題解決、言葉を用いた行動変容、これらは専門知識が求められる技術です。外資企業の営業職に対する給与や待遇のよさは、こうした背景が認められているからかもしれません。

そして、ＡＩやテクノロジーが発達している今の時代こそ、「人には人にしかできない仕事」が求められます。それこそまさに、言葉を扱う仕事、関係を築く仕事、つまり営業職なのではないでしょうか？

このように、私が目指すのは「本当に営業をやりたい人」だけ、「営業の適性がある人」だけが営業職に就ける世界観です。誤解を恐れずに言えば、営業職人口はもっと減っていいと思っています。狭き門でいいと思っています。

そうすることで、営業としての専門性がさらに磨かれ、希少性や重要性が増すことで、給与水準や市場価値も上がっていくのではないかと考えています。

こうした状態ができると、「営業職」という肩書が、「すごいね！」「カッコいいね！」という賞賛に変わります。

この革命を私は「Sales is cool 構想」と呼んでいます。私の人生における不滅のテーマとしてこのプロジェクトを掲げています。

「Sales is cool 構想」が広まれば、営業職は優秀な人で溢れ返ります。すると営業職だけではなく、お客様と経済も恩恵を受けるのです。

いい営業は、本質的な課題を捉え最適な提案を実施することでしょう。そうすることで、「買って便利になった」というお客様を増やせます。買って便利になったお客様はビジネスを成功させ、得た利益を使って更なる投資をします。こうした購買の連鎖を起こして、経済活動をより大きなものにシフトしていきます。

つまり、営業革命とは買い物革命なのです。

私は今、不思議な気持ちでキーボードを叩いています。

俳優を目指すことに夢破れて、何の取りえもなかった24歳の青年が営業職の門を叩いたのが14年前。

ところが、今、会社そして様々な人の支えがあって、一冊の本を完成させようとしています。「本を書く」というのは実は私の思春期からの夢でもありました。


繰り返しになりますが、私には何もなかったのです。

しかし、本書で解説した「成果をコントロールする術」を騙されたかのように素直に真正面から吸収して、本番環境でも疑うことなく徹底的に実践することに務めました。

実践しては振り返り、実践しては振り返り、毎日「ひとつでもできるようになったこと」をノートに書きつづっていき、気がつけば私のノートはコントロールできるようになった技術で埋め尽くされ、できたことやできなかったことを再び言語化することで、自分の言葉で人に伝えられるようになったのです。


その14年の集大成がこの本です。

営業は夢があっていいですね。

多くの仕事は、学歴・偏差値・経験・資格など過去のコレクションを評価されます。しかし、営業は違います。営業は今、輝いている人にスポットライトが当たるのです。

何もなかった私が変われたように、一人前に本を出せたように、営業職のあなたも正しい技術を取り入れることで、理想の今を手に入れられるはずです。

そんなあなたの理想に、少しでも本書が役に立つのなら本当にうれしいです。あなたの「Sales is ○○」が輝きと希望に満ち溢れることを心から祈っています。

そして最後に、本書の制作にあたり全面的にサポートしてくださった扶桑社の秋山さん、日ごろから営業界を盛り上げるためにイベントやセミナーをご協力いただいている皆さま、何より本書のために時間を捻出し、応援してくれたセレブリックスの仲間たちに心からお礼を申し上げるとともに、結びの言葉とさせていただきます。

2021年7月　今井晶也

今井晶也（いまい・まさや）

株式会社セレブリックスの執行役員マーケティング本部長として、コーポレートブランディング、事業企画、マーケティング、営業領域を管掌。また、セールスエバンジェリストの肩書で、主に法人営業と新規営業における、セールスモデルの研究・開発・講演を行う。

Sales is

科学的に「成果をコントロールする」営業術

発行日　2021年８月31日　初版第１刷発行
2024年10月10日　第18刷発行

著者　今井晶也
発行者　秋尾弘史
発行所　株式会社 扶桑社
〒105-8070
東京都港区海岸1-2-20　汐留ビルディング
電話 03-5843-8194（編集）
03-5843-8143（メールセンター）
www.fusosha.co.jp
印刷・製本　サンケイ総合印刷株式会社
ブックデザイン　山之口正和 ＋ 沢田幸平（OKIKATA）
DTP　松崎芳則（ミューズグラフィック）
編集　秋山純一郎（扶桑社）

定価はカバーに表示してあります。
造本には十分注意しておりますが、落丁・乱丁（本のページの抜け落ちや順序の間違い）の場合は、小社メールセンター宛にお送りください。送料は小社負担でお取り替えいたします（古書店で購入したものについては、お取り替えできません）。

Printed in Japan
ISBN 978-4-594-08874-3